Brasil
QUE RAIO
DE HISTÓRIA

Osmar Pinto Jr.
Iara Cardoso

Copyright © 2015 Oficina de Textos

Grafia atualizada conforme o Acordo Ortográfico da Língua Portuguesa de 1990, em vigor no Brasil desde 2009.

CONSELHO EDITORIAL Arthur Pinto Chaves; Cylon Gonçalves da Silva; Doris C. C. K. Kowaltowski; José Galizia Tundisi; Luis Enrique Sánchez; Paulo Helene; Rozely Ferreira dos Santos; Teresa Gallotti Florenzano
Capa MALU VALLIM
Projeto gráfico MALU VALLIM
Diagramação LETÍCIA SCHNEIATER
Preparação de texto PATRIZIA ZAGNI
Revisão de texto HÉLIO HIDEKI IRAHA
Impressão e acabamento PROL EDITORA GRÁFICA

Dados Internacionais de Catalogação na Publicação (CIP)
(Câmara Brasileira do Livro, SP, Brasil)

Pinto Junior, Osmar
Brasil : que raio de história / Osmar Pinto Jr.,
Iara Cardoso. -- São Paulo : Oficina de Textos, 2015.

Bibliografia.
ISBN 978-85-7975-220-9

1. Brasil - História I. Cardoso, Iara. II. Título.

15-08398   CDD-981

Índices para catálogo sistemático:
1. Brasil : História 981
2. História do Brasil 981

Todos os direitos reservados à OFICINA DE TEXTOS
Rua Cubatão, 959   CEP 04013-043   São Paulo-SP – Brasil
tel. (11) 3085 7933   fax (11) 3083 0849
site: www.ofitexto.com.br
e-mail: atend@ofitexto.com.br

Prefácio

Ao longo de seus pouco mais de 500 anos, a história de nosso país está repleta de acontecimentos em que os raios estavam presentes, em alguns casos como coadjuvantes entre outros efeitos das tempestades, em outros como protagonistas. Esses acontecimentos são narrados neste livro entremeados de fatos históricos relevantes. *Brasil: que raio de história* é resultado de três anos de intensa pesquisa nas mais diversas fontes dentro do país e até mesmo no exterior.

Este livro também é fruto de uma paixão pelo fenômeno que aprendemos a cultivar com perseverança. Se em nossas curtas vidas lutamos para deixar algumas marcas, os raios permanecem austeros e imortais, unindo e fragmentando culturas e tecendo o que chamamos de civilização. Nesse sentido, se entender o passado em toda a sua complexidade é uma forma de adquirir sabedoria, humildade e um senso trágico a respeito da vida, conforme escreveu o historiador americano Gordon S. Wood, entender os raios no passado é uma forma de adquirir um pouco da imortalidade deles.

Mas, se existem diferenças entre nós e os raios, também há semelhanças no fato de que cada raio é único em sua forma, assim como nós. Da mesma forma, se para a história nossas vidas não passam de um instante, para as tempestades os raios não passam de um lampejo.

O livro retrata os raios no passado e presente da história do Brasil, desde o Brasil indígena, passando por Brasil Colônia, Brasil Império de Portugal, Brasil Império e Brasil República, e revela ainda o que poderá ocorrer no futuro do país em relação aos raios. Crenças, fatos marcantes, curiosidades e as principais descobertas científicas são descritos. Esses fatos serviram como base para a série *País dos Raios*, exibida no programa *Fantástico*, da rede Globo, em 2013, e para o documentário científico *Fragmentos de Paixão*, produzido pelo Grupo Storm e lançado no Cinemark e no canal de televisão +Globosat em 2013 e 2014, respectivamente.

O papel dos raios no imaginário dos índios, dos escravos, da corte portuguesa, dos naturalistas, bem como nas guerras, nas revoluções, nas tragédias, na indústria, no setor elétrico, na aviação e no futuro de um país sujeito a mudanças climáticas decorrentes do aquecimento global, é discutido em um texto acessível ao público em geral.

Em um momento de nossa história em que atingimos consciência de que a natureza não está diante de nós para usufruirmos dela, e sim para fazer parte conosco de um equilíbrio sutil que nos preserva no planeta, conhecer melhor os raios ao longo de nossa história nos faz mais do que os temê-los ou admirá-los; faz-nos respeitá-los como parte de nós.

Ao longo do texto é interessante observar que o conceito de raio evoluiu ao longo da história de nosso país, de uma manifestação dos deuses para punir os homens a uma manifestação da natureza capaz de auxiliar os homens a prever o futuro do clima. Em um país campeão mundial em incidência do fenômeno, com cerca de 50 milhões de raios por ano, tal constatação é, no mínimo, confortadora.

Os autores

São José dos Campos, junho de 2015

Agradecimento especial

A Iara Regina Cardoso de Almeida Pinto, Osmar Pinto Neto, Wellington Valsechi e aos cachorros Brisa, OJ, Areia, Caki e Bela, que tornaram possível esta aventura no tempo.

Este livro teve o apoio da Fundação de Amparo à Pesquisa do Estado de São Paulo (Fapesp).

Sobre os autores

Osmar Pinto Jr. é engenheiro eletricista especialista na área de Eletricidade Atmosférica e Mudanças Climáticas, com aplicações no setor de tecnologia. Mestre e doutor em Geofísica Espacial pelo Instituto Nacional de Pesquisas Espaciais (Inpe), com pós-doutorado na Universidade de Washington e na Nasa. Atualmente, é pesquisador titular do Inpe e coordenador do Grupo de Eletricidade Atmosférica (Elat), que fundou em 1995. Publicou cinco livros, sendo um nos Estados Unidos, cerca de cem artigos em revistas científicas e mais de 300 artigos em anais de congressos internacionais. Foi editor associado da *American Geophysical Union* (AGU). Recebeu o prêmio Top Reviewer, da Elsevier, pela contribuição na revisão de artigos para as revistas publicadas por essa editora. Presidiu a XIV International Conference on Atmospheric Electricity (Icae), realizada no Rio de Janeiro. Teve um artigo entre os *top* 50 mais citados nos últimos cinco anos na revista *Atmospheric Research*. Possui ampla experiência na divulgação de ciência e tecnologia, tendo realizado diversas iniciativas pioneiras no setor que o levaram a receber o Prêmio Faz Diferença, do jornal O Globo, na categoria Ciência e História.

Iara Cardoso de Almeida Pinto é formada em Jornalismo com especialização em Jornalismo Científico pelo Laboratório de Estudos Avançados em Jornalismo (Labjor) da Universidade Estadual de Campinas (Unicamp), em Cinema Digital pela New York Film Academy/Universal Studios e em Jornalismo para TV Digital pelo canal NBC News/NYFA. Foi *fellow* no Advanced Study Program do Massachusetts Institute of Technology (MIT), nos Estados Unidos, especializando-se em documentários científicos e em roteiros. É membro da Academia Brasileira de Cinema. Foi responsável pelo roteiro e produção da série *País dos Raios*, exibida no Programa *Fantástico*, da rede Globo. Também dirigiu, roteirizou e produziu o filme documentário *Fragmentos de Paixão*, exibido na rede Cinemark e no canal +Globosat.

Sumário

Introdução 8

1. Brasil Indígena (até 1500) 13

2. Brasil Descobrimento (1501 a 1550) 19

3. Brasil Colônia (1551 a 1807) 25

4. Brasil Império de Portugal (1808 a 1821) 32

5. Brasil Império (1822 a 1888) 37

6. Brasil República (1889 a 1955) 54

7. Brasil República (1956 a 2015) 61

8. Brasil de amanhã (2015 e o futuro) 73

Referências bibliográficas 79

Introdução

Se, por um lado, o surgimento dos raios na ciência teve origem em 1752, período em que o cientista e político americano Benjamin Franklin sugeriu que se tratava de descargas elétricas que se propagam por vários quilômetros na atmosfera, o surgimento dos raios no imaginário do povo brasileiro data dos primeiros homens que habitavam essa região de nosso planeta. De longe, os raios são o fenômeno mais intenso que ocorre na natureza, resultado de processos que aceleram quantidades gigantescas de elétrons a velocidades próximas à da luz em períodos de milionésimos de segundo, causando correntes elétricas milhares de vezes maiores que aquelas a que estamos acostumados em nosso cotidiano. Tais correntes aquecem o ar a temperaturas de dezenas de milhares de graus, superiores à temperatura da superfície do Sol, causando ondas luminosas visíveis a centenas de quilômetros, ondas sonoras a partir da expansão do ar aquecido audíveis a dezenas de quilômetros, conhecidas como trovões, e até mesmo radiação de alta energia, os famosos raios X e raios gama, que atingem satélites a centenas de quilômetros de altitude.

Tais características trazem consigo um mistério, uma beleza e um medo inigualáveis. Mistério porque até hoje não sabemos exatamente todos os detalhes de como as descargas elétricas se originam dentro das nuvens de tempestade, conhecidas como nuvens *cumulonimbus*. Beleza porque os raios nunca se repetem completamente, o que nos faz não cansar de admirá-los. Medo devido ao poder mortal de tirar vidas de forma instantânea e imprevisível. Em geral, é esse último aspecto a razão das crenças e mitos indígenas associados ao fenômeno. A partir de 1500, a mitologia indígena passou a se entrelaçar e a se moldar às tradições dos portugueses que chegaram a nossas terras e, mais tarde, às dos povos africanos que vieram para o Brasil, em geral, como escravos. Apesar dessa miscigenação de culturas, ainda hoje persiste o mito indígena de que "um raio não cai duas vezes em um mesmo lugar".

Foi Franklin também o primeiro a sugerir uma técnica de proteção contra os raios, conhecida como para-raios, até hoje empregada com grande eficiência na proteção de edificações. Pensados inicialmente por ele como capazes de eliminar a ocorrência dos raios, os para-raios mostraram-se dispositivos capazes de criar um caminho pelo qual o raio chega ao solo sem causar danos. Os para-raios foram a primeira tecnologia desenvolvida pelo homem para minimizar o impacto destrutivo dos raios, sendo seguidos por diversas outras técnicas com o mesmo propósito, bem como por metodologias voltadas a antecipar a sua ocorrência ou mapear a sua frequência em diferentes regiões. No Brasil, tais desenvolvimentos surgiram a partir de 1970, impulsionados pelo avanço tecnológico do país.

Para os índios que habitaram o Brasil no período do descobrimento, os raios eram manifestações do deus Tupã, em geral para puni-los. Para os portugueses, os raios eram manifestações da natureza, criada por Deus, e representavam um grande obstáculo às navegações e às descobertas marítimas, entre elas o descobrimento do Brasil.

Durante o período colonial, que se seguiu após o descobrimento e estendeu-se até o início do Império, em 1808, os raios e as tempestades tiveram papel preponderante em diversos conflitos entre colonizadores e conquistadores de diferentes nacionalidades, em particular os franceses.

Com a chegada de D. João VI em 1808, Portugal liberou oficialmente a publicação de jornais e livros e a entrada de expedições científicas no país e os raios passaram a ser documentados no Brasil. Até mesmo o enorme medo de D. João VI pelo fenômeno contribuiu para o interesse na divulgação da temática.

As pesquisas sobre raios no Brasil começaram simultaneamente às pesquisas científicas brasileiras em outras áreas, incentivadas por D. Pedro II, imperador do Brasil, em meados do século XIX.

D. Pedro II era um entusiasta das ciências e, na década de 1840, revitalizou e consolidou o Imperial Observatório do Rio de Janeiro, hoje Observatório Nacional, criado em 15 de outubro de 1827 por um decreto de seu pai, o imperador D. Pedro I. Foi nesse observatório, a partir de 1850, que, na época, havia mudado de nome para Observatório Imperial e ficava no Morro do Castelo, local hoje ocupado pelo aeroporto Santos Dumont, que as primeiras observações sistemáticas de tempestades foram realizadas no Brasil, com base no registro de trovões. Elas foram motivadas pelas observações da luminosidade de raios no Rio de Janeiro feitas durante um período de cinco anos por jesuítas no século anterior, também no Morro do Castelo. Apesar do apoio de D. Pedro II, contudo, pouco foi feito nas décadas seguintes em razão dos constantes conflitos militares internos e externos em que o país esteve envolvido, em particular a Guerra do Paraguai, na qual os raios e as tempestades contribuíram para moldar o rumo da história.

Foi somente às vésperas do nascimento da República, em 1889, que as observações de raios e tempestades ganharam interesse público, em virtude da prevenção de acidentes meteorológicos, interesse esse que tem crescido ao longo dos tempos até os dias de hoje. Em parte, isso se deveu à tragédia que ocorrera em julho de 1887, quando uma terrível tempestade no litoral do Rio Grande do Sul, nas proximidades de Rio Grande, resultara no naufrágio e na morte de 160 pessoas a bordo do Rio-Apa, um navio de passageiros que fazia o trajeto entre Rio de Janeiro e Montevidéu. No Observatório Imperial, um estudo conduzido por um jovem estudante de engenharia chamado Henrique Morize procurou entender as condições meteorológicas associadas ao acidente. Em 1885, Morize já havia tirado a primeira foto de um raio no país, nas imediações do Morro do Castelo, no Rio de Janeiro. Mais tarde, ele viria a ser diretor do observatório e hoje é considerado um dos primeiros pesquisadores em eletricidade atmosférica no país.

Após um período de entusiasmo na virada do século XIX, a pesquisa sobre raios nas primeiras décadas do século XX voltou a passar por um período obscuro. Novamente, o país se voltava para os conflitos militares que marcaram o início da República e as pesquisas foram abandonadas. Em 1934, esse fato foi alertado pelo meteorologista Joaquim de Sampaio Ferraz, então diretor do Instituto Nacional de Meteorologia, que, no livro *A meteorologia no Brasil*, escreveu: "O Brasil não pode continuar alheio às indagações sobre eletricidade atmosférica", em resposta ao aumento significativo das pesquisas nesse campo feitas em outros países, inclusive com expedições vindas ao Brasil para observações. Contudo, tal alerta não foi ouvido e as pesquisas sobre raios só foram retomadas na década de 1970, impulsionadas pelo impacto dos raios sobre as redes elétricas. Ao mesmo tempo que as empresas de energia elétrica começaram a se mobilizar para determinar regiões de grande incidência de raios, de modo a melhorar a proteção das redes, as primeiras observações de raios no espaço foram feitas por cientistas do então recém-criado Grupo de Eletricidade Atmosférica (Elat) do Instituto Nacional de Pesquisas Espaciais (Inpe).

A partir da década de 1980, as pesquisas sobre raios no Brasil passaram a ter grande apoio e visibilidade com a implantação de diversas tecnologias de observação. Um sistema de monitoramento de raios em tempo real foi desenvolvido no Estado de Minas Gerais, permitindo, pela primeira vez, monitorar a ocorrência do fenômeno, e uma torre instrumentada com sensores e câmeras foi instalada no Estado de São Paulo para observar as características das descargas em detalhes. Desde o início do século XVIII, já se desconfiava que essas características fossem diferentes daquelas registradas em países não tropicais.

Na década de 1990, o lançamento de foguetes para a indução de raios permitiu pela primeira vez obter, nos trópicos, informações sobre o fenômeno em um ambiente experimental controlado. No final da década de 1990, as observações feitas pelo sistema de monitoramento foram expandidas para todo o Sudeste do Brasil e, consequentemente, a previsão de raios passou a ser incluída no noticiário da previsão do tempo e no cotidiano das pessoas.

À medida que as pesquisas científicas evoluíam em decorrência do avanço tecnológico do país, os raios passaram a causar grandes danos a diversos setores da sociedade, sendo responsáveis por explosões em refinarias, apagões de energia elétrica e queima de equipamentos na indústria e no controle de tráfego aéreo. No início do século XXI, o Elat divulgou um estudo com a primeira estimativa dos danos dos raios no Brasil. O estudo indicou que o prejuízo anual causado pelos raios ultrapassava R$ 1 bilhão, dos quais cerca de 60% correspondiam ao setor elétrico. Simultaneamente, o Brasil conquistava um papel de destaque mundial nas pesquisas de raios, ao ter representantes na maioria das comissões mundiais sobre o fenômeno e ao sediar a XIV Conferência Internacional de Eletricidade Atmosférica (International Conference on Atmospheric Electricity, Icae), realizada em agosto de 2011 no Rio de Janeiro, contribuindo com o maior número de trabalhos apresentados entre mais de 35 países.

Ao mesmo tempo, o Elat divulgava a primeira pesquisa detalhada sobre as mortes causadas por raios no país entre 2000 e 2009. O resultado dessa pesquisa mostrou a triste realidade de que, em média, 132 brasileiros morrem por ano vítimas de raios. Esse número representa uma probabilidade média de morrer atingido por um raio de 0,8 por milhão por ano no Brasil, quatro vezes maior do que nos Estados Unidos. A pesquisa também identificou as circunstâncias mais comuns envolvidas nas tragédias, observou diferenças regionais preocupantes e apontou que a maioria das tragédias poderia ser evitada se as pessoas tivessem acesso a informações básicas de como se proteger. Essa pesquisa está atualizada de forma inédita neste livro, contemplando 15 anos de dados, de 2000 a 2014.

Finalmente, hoje, surgem as primeiras pesquisas estimando como a incidência de raios em nosso país deverá ser alterada com o aumento da urbanização e das mudanças climáticas decorrentes do aquecimento global. As pesquisas feitas pelo Elat sugerem um incremento significativo da incidência de raios na maior parte do país nas próximas décadas, trazendo um alerta à sociedade.

Nos capítulos que seguem, a história do Brasil é contada pela primeira vez na perspectiva dos raios. Com certeza, muito do que será relatado é desconhecido de quase todos os brasileiros.

Brasil Indígena (até 1500)

Para os índios que habitaram o Brasil no período anterior a 1500, os raios eram manifestações divinas, associados a uma entidade mitológica de nome Tupã, em geral enviados para punir o homem.

As terras que formam o continente da América do Sul já eram habitadas havia mais de dez mil anos quando Cristóvão Colombo chegou à América, no final do século XV. Pensando ter chegado às Índias, Colombo chamou os habitantes de índios. No final do século XV, tribos do grupo tupi-guarani, formadas por alguns milhões de índios, ocuparam o Brasil, principalmente ao longo de todo o litoral, desde a foz do rio Amazonas até o sul do Rio Grande do Sul, tendo aparentemente se deslocado para essa região em busca de uma "terra sem males". Para os índios, o raio e o trovão estavam associados à palavra *Tupã*, que significa "pai que está no alto" e representa uma entidade mitológica ou deus. Os índios acreditavam que as tempestades eram provocadas pelo deslocamento de Tupã e os raios eram, em geral, enviados como manifestações do desagrado dele. A primeira menção escrita a essa palavra data de 1549, em uma carta do padre Manuel da Nóbrega, em que Tupã é mencionado como uma espécie de divindade dos trovões.

Entre as muitas lendas dos índios tupi-guaranis relacionadas aos raios, as mais conhecidas são as lendas do guaraná, do pirarucu e da árvore paricá. As lendas que associam os raios a pedras também permanecem em nossa cultura até hoje, como a do cão sentado.

Conta a lenda que há muitos e muitos anos, nas matas de Furnas do Catete, um pequeno índio tupinambá encontrou um filhote de cachorro e fez dele seu melhor amigo. Eles não se separavam por nada, até o dia em que o indiozinho teve que acompanhar sua tribo em uma guerra. Morrendo de saudades do seu amigo, o cãozinho nunca mais foi o mesmo e ficou prestes a morrer. Quando os guerreiros retornaram da batalha com a notícia de que o pequeno índio havia morrido, o cachorro pressentiu que não veria mais o seu amigo. No alto de uma montanha, ele uivou por dois dias e duas noites. Ao final da segunda noite, quando o sol raiou, ele sentou-se no alto de uma pedra e deu seu último latido, como se estivesse se despedindo do seu melhor amigo. O sol escureceu, houve relâmpagos como se fosse uma tempestade à noite. Assustada com o imenso raio que acabara de atingir a montanha, toda a tribo foi ver o que havia acontecido e, lá chegando, encontrou uma imensa pedra na forma de um cachorro sentado. (Lenda indígena mencionada na internet, origem desconhecida).

A pedra na forma de um cachorro sentado encontra-se no município de Nova Friburgo, no Estado do Rio de Janeiro, onde hoje está localizado o Parque Ecológico do Cão Sentado. A história faz parte da divulgação de um dos principais pontos turísticos de Nova Friburgo e é um dos atrativos dessa área de preservação.

Lendas semelhantes existem em diversas outras regiões do Brasil. Tais regiões tornaram-se pontos de peregrinação e, atualmente, transformaram-se em pontos turísticos. Outra lenda envolvendo uma pedra supostamente rachada por um raio é a da pedra rachada, que é originária da região da Ilha de Paquetá, no Estado do Rio de Janeiro, e data de 1800. Essa ilha também é conhecida como "ilha dos amores" pelo seu encanto.

Conta a lenda que dois irmãos, uma índia e um índio, que habitavam aquele local antes da chegada dos europeus tiveram amores incestuosos. Certa vez, quando praticavam o pecado, um raio caiu sobre eles, separando-os e transformando-os naquelas duas rochas. (Lenda indígena mencionada na internet, origem desconhecida. Outra versão muito semelhante é dada por Gonçalves Jr., 1870).

Já a lenda do guaraná tem origem no Amazonas. O guaraná é um arbusto originário a Amazônia e seu fruto possui grande quantidade de cafeína. Por suas propriedades estimulantes, é usado na fabricação de refrigerantes.

> Conta a lenda que um casal de índios pertencente à tribo mawé do Amazonas vivia por muitos anos sem ter filhos, mas desejava muito ter uma criança ao menos. Um dia, eles pediram a Tupã uma criança para completar aquela felicidade. Tupã, o rei dos deuses, sabendo que o casal era cheio de bondade, lhes atendeu o desejo, trazendo a eles um lindo menino.
> O tempo passou rapidamente e o menino cresceu bonito, generoso e bom.
> No entanto, Jurupari, o deus da escuridão, sentia uma extrema inveja do menino e da paz e felicidade que ele transmitia e decidiu, então, ceifar aquela vida em flor.
> Um dia o menino foi coletar frutos na floresta e Jurupari se aproveitou da ocasião para lançar sua vingança. Ele se transformou em uma serpente venenosa e mordeu o menino, matando-o instantaneamente. A triste notícia se espalhou rapidamente.
> Neste momento, trovões ecoaram na floresta e um raio caiu junto ao menino. Então a índia-mãe disse: "É Tupã que se compadece de nós. Plantem os olhos de meu filho, que nascerá uma planta, que será a nossa felicidade".
> Os índios obedeceram ao pedido da mãe e plantaram os olhos do menino. Neste lugar cresceu o guaraná, cujas sementes são negras, envoltas por uma orla branca em sementes rubras, e muito semelhantes aos olhos dos seres humanos. (Oliveira, 1951).

Outra lenda do Amazonas é a do pirarucu, que se originou nas águas amazônicas. O pirarucu é um peixe amazônico que pode chegar a 2 m de comprimento.

Brasil: que raio de história

> Conta a lenda que Pirarucu era um índio que pertencia à aldeia dos uaiás, da família linguística tupi, que habitava as planícies do sudoeste da Amazônia. Era um bravo guerreiro, mas tinha o coração perverso. Era vaidoso, egoísta, extremamente orgulhoso de seu poder e adorava criticar os deuses.
>
> Um dia, Pirarucu se aproveitou da ausência de seu pai, chefe da tribo e de bom coração, para tomar como reféns índios da aldeia. Sem nenhum motivo, resolveu executá-los. Tupã, cansado do comportamento do índio, decidiu puni-lo e pediu à deusa Luruauaçu, deusa das torrentes, que fizesse cair uma grande tempestade sobre Pirarucu, que estava pescando com outros índios às margens do rio Tocantins, não muito longe da aldeia. O fogo de Tupã foi visto por toda a floresta. Quando Pirarucu percebeu as ondas furiosas do rio e ouviu a voz enraivecida de Tupã, ignorou, deu risada e ainda disse algumas palavras de desprezo. Tupã enviou então Xandoré, o demônio que odeia os homens, para atirar raios e trovões sobre Pirarucu. O índio tentou escapar, mas enquanto corria foi atingido por um raio fulminante, enviado por Xandoré, que acertou seu coração. Mesmo assim, o índio guerreiro recusou-se a pedir perdão. Pirarucu, ainda vivo, foi levado para as profundezas do rio Tocantins, sendo transformado em um peixe gigante e escuro de grandes escamas e cabeça chata que habita os rios da Amazônia. (Borges, 1986).

Também originária da Amazônia é a lenda da árvore paricá. Atualmente, é uma das árvores nativas mais plantadas no Brasil. É de grande porte e rápido crescimento, de madeira mole e branca.

> Conta a lenda que os índios faziam veneno com o material extraído da árvore Paricá para atirar nos raios para afastá-los. Por este motivo os raios não gostam das árvores Paricás e as quebram, onde as encontram. (Medeiros, 2002).

Já para os índios que povoaram o Sul e o Sudeste brasileiro, havia uma lenda relacionada ao deus Tupã que talvez seja uma das poucas lendas indígenas associadas aos raios e trovões que não tem uma visão negativa nem trágica do fenômeno em relação ao homem.

1 Brasil Indígena (até 1500) 17

> Estes indígenas acreditavam que Tupã tem por hábito utilizar um ornamento nos lábios, o tembetá, que possui um significado religioso e aspecto translúcido feito de seiva vegetal. Tupã passa a maior parte do tempo sentado em seu apyka, um banquinho, de onde fica a contemplar as coisas da Terra. Quando Tupã deseja se comunicar com sua mãe, Nhandecy – que significa "nossa mãe" –, que mora no leste, do lado do sol nascente, ele arrasta o seu apyka para sentar-se de frente para ela. O arrasto do banquinho origina o barulho do trovão. Quando Tupã fala com sua mãe, o brilho do tembetá, o ornamento labial, ao se movimentar produz a luz do relâmpago. (Borges, 2012).

Finalmente, os índios da tribo marubo, da Amazônia, possuíam o mito do canto *kaná kawã* ou "raptada pelo raio". O canto *kaná kawã* pode ser considerado uma versão para o mito de Orfeu.

> O mito conta a história de um homem que tenta resgatar sua mulher, raptada por um raio. O mito é cantado por um xamã da tribo Marubo. A tribo Marubo vive no Vale do Javari, na fronteira com o Peru. A narrativa indígena cantada, "kaná kawã", conta a história de uma mulher cuja alma (ou "duplo") é raptada pelos espíritos do raio. Para tentar recuperá-la, seu marido faz uma viagem pelo cosmos, enfrentando diversas batalhas com o auxílio de povos estranhos. O mito original é sobre o rapto da alma de uma mulher pelos espíritos do raio. O marido da mulher deverá fazer uma jornada por diversos patamares do cosmos para resgatar a alma de sua esposa. Após fazer uma batalha com o povo-raio, ele acaba por trazê-la de volta, mas ela sempre retorna à casa dos raios, tão logo chega à terra dos humanos. Depois de três idas e voltas, a alma da mulher começa a se desfazer: na terra, os parentes do marido haviam cremado o cadáver, o que interfere diretamente na condição da alma do morto e conduz, assim, ao desfecho infeliz da história. (Cesarino, 2011).

Passados mais de 500 anos, hoje cerca de 200 mil índios habitam o Brasil, a maior parte integrada à cultura atual. Contudo, alguns de seus mitos existentes desde 1500 persistem enraizados entre os brasileiros. O principal deles, em que até hoje boa parte dos índios e das pessoas em geral acredita, é que "um raio não cai duas vezes em um mesmo lugar". A maioria dos índios acreditava nesse mito e sempre que enxergava um raio atingir uma árvore e causar um incêndio, o que nem sempre acontece, pegava parte do tronco petrificado pelo fogo. Denominavam o tronco de pedra do raio e usavam-no como adorno em um colar, acreditando que isso faria o raio não cair sobre eles. Famoso ao longo dos séculos, esse mito tem sido citado em publicações e filmes e é a manifestação cultural mais antiga relacionada aos raios no Brasil.

Brasil Descobrimento (1501 a 1550)

Para os portugueses que chegaram ao Brasil, os raios eram manifestações da natureza criada por Deus e representavam um grande desafio para as navegações a bordo das caravelas.

Em 22 de abril de 1500, depois de 44 dias de viagem desde o porto no rio Tejo, em Lisboa, Pedro Álvares Cabral, com uma armada composta de 13 naus, chegou às terras inicialmente batizadas Ilha de Vera Cruz, mais tarde denominada Terra de Santa Cruz e, a partir de 1527, Brasil. Era o descobrimento oficial do Brasil.

> Neste mesmo dia, a horas de véspera, houvemos vista de terra! A saber, primeiramente de um grande monte, mui alto e redondo; e de outras serras mais baixas ao sul dele; e de terra chan, com grandes arvoredos; ao sul monte alto o Capitão pôs o nome O Monte Pascoal, e a terra A Terra de Vera Cruz. (Caminha, 1963).

Os portugueses desembarcaram no sul da Bahia e batizaram o local de Porto Seguro, nome mantido até hoje, após superarem as dificuldades da viagem em razão das tempestades. Eles foram recebidos pelos índios e logo perceberam o temor que estes tinham em relação a Tupã, o deus do trovão e do raio. Dessa forma, Tupã foi o ponto de encontro entre os índios e os colonizadores e serviu como um elo para a catequização.

Dez dias depois, zarparam de Porto Seguro em direção à Índia e, após três semanas de viagem, quatro naus foram afundadas por uma violenta tempestade, que se abateu sobre a frota na altura do Cabo das Tormentas, também conhecido como Cabo da Boa Esperança, no sul da África.

Com os portugueses, chegaram ao Brasil expressões associadas aos raios, como "vá pros raios que o partam" ou "que raio de história", que dá origem ao título deste livro. Também chegaram lendas, como a pedra de raio (ou ceráunia), com uma origem diferente daquela considerada pelos índios. Para os portugueses, a pedra de raio caía do céu na forma de um raio, afundava sete braças e levava sete anos para voltar à superfície, em vez de ser um pedaço do tronco de uma árvore atingida por um raio. Esse conceito do raio como uma pedra aparentemente já era adotado por algumas tribos indígenas da Amazônia. Os portugueses também trouxeram costumes relacionados a superstições para afastar os raios quando relampejava ou se ouvia o ribombar dos trovões, como atirar amêndoas para os telhados, cobrir os espelhos, acender uma vela, tocar a campainha, deixar que o pássaro joão-de-barro faça seu ninho na casa, invocar Santa Bárbara – santa protetora dos raios criada pela igreja na Europa no século VII – ou, ainda, fincar uma cruz de madeira próximo à casa no dia de Santa Bárbara, 4 de dezembro.

Santa Bárbara viveu no Egito por volta do ano 300. Conta a lenda que ela era uma jovem belíssima. Dióscoro, seu pai, era pagão e ciumento e a todo custo desejava resguardar a filha dos pretendentes que a queriam em casamento. Por isso, encerrou-a em uma torre. Um dia, entretanto, ele viajou. Santa Bárbara, então, aproveitou para ser batizada, atraindo a ira do pai. Descoberta e denunciada por um pastor, foi capturada por Dióscoro, levada perante o tribunal e condenada. Foi executada pelo próprio pai, que lhe cortou a cabeça com uma espada. Logo após a morte dela, um raio fulminou Dióscoro. É por isso que Santa Bárbara é invocada nas tempestades para proteger contra os raios. O seu culto espalhou-se rapidamente pelo Oriente e pelo Ocidente, chegando ao Brasil com os portugueses.

Os portugueses também trouxeram superstições que acreditavam atrair os raios durante as tempestades, como amamentar, cavalgar montado em um cavalo branco ou pronunciar a palavra raio. Mais tarde, durante o período do Império, outras superstições desse tipo foram introduzidas, como deixar o fogão aceso, acender cigarro, tomar mate, plantar árvores de madeira dura como o jacarandá, ou o cedro, ou ainda a cajazeira, árvore que chega a medir até 25 m.

Associadas às superstições, outras denominações para os raios tornaram-se comuns ao longo dos anos que se seguiram ao descobrimento: pedra de trovão, pedra de Santa Bárbara, machado de índio e pedra de corisco, ou simplesmente corisco.

Diferentemente dos índios, os portugueses acreditavam que o raio e o trovão eram manifestações da natureza sob o controle de Deus. Nesse sentido, consideravam os raios um fenômeno associado às tempestades que poderia ser controlado por Deus. Um exemplo dessa visão é relatado em uma história envolvendo o padre jesuíta Manuel da Nóbrega, ainda em Portugal, antes de vir para o Brasil em 1549.

> Um dia, Nóbrega surpreende um grupo folgazão entretido numa folia, com bailes e música, no próprio recinto sagrado de uma igreja. O padre irrompe no local e acaba com o festejo, mas para tal desagrado de um dos folgados que este acaba por despejar blasfêmias contra Deus. Nóbrega, pasmo, se põe de joelhos, "pedindo a Deus que não ouvisse tais desatinos". Terminada a folia, o blasfemo retira-se em seu cavalo no exato momento em que o céu se fecha. Cai a chuva, ressoam os trovões. Desaba um raio e vem atingir em cheio o pecador. Nóbrega passa a ser respeitado como o "homem do céu". (Toledo, 2003).

A união de culturas tão diferentes é retratada na história do náufrago português Diogo Álvares Correia, único sobrevivente de um naufrágio na costa do Brasil em 1509, próximo ao atual Farol da Barra, em Salvador. Diogo ficou conhecido como Caramuru ou homem do trovão.

Nascido em 1474, ao chegar à costa do Brasil, Diogo Álvares teria recebido esse nome pelos índios ao disparar seu mosquetão, gerando um barulho semelhante ao do trovão. Acolhido pelos índios da tribo tupinambá aos 17 anos, uniu-se com Paraguaçu, filha do líder da tribo. Caramuru foi motivo de um poema épico homônimo escrito por José de Santa Rita Durão e publicado muitos anos depois em Lisboa, em 1781.

O personagem Caramuru tornou-se tão popular no Brasil que, além de constar em obras de historiadores, romancistas, poetas e jornalistas e ter dado origem a um filme, foi também o nome do partido político ligado ao imperador (oficialmente denominado Partido Restaurador) e o apelido dado aos soldados imperiais durante a Revolução Farroupilha. Muito mais tarde, na década de 1950, Caramuru foi tema de uma marchinha popular de carnaval, cujo refrão repetia: "Caramuru/Uhuh/Caramuru/Uhuh/Filho do fogo/Neto do trovão...". Atualmente, Caramuru é o nome da mais conhecida fábrica brasileira de fogos de artifício.

Em 1530, trinta anos após a expedição de descobrimento de Cabral, Portugal enviou ao Brasil uma expedição colonizadora comandada por Martim Afonso de Sousa, com a participação de seu irmão Pero Lopes de Sousa, em resposta ao permanente assédio de outros países. Em particular, a França enviara diversas expedições ao Brasil desde 1504, relacionadas ao tráfego de pau-brasil.

Pau-brasil é uma árvore espinhenta que atinge até 12 m de altura e era encontrada do Ceará ao Rio de Janeiro. Dela era extraído corante vermelho brasilina, empregado para tingir tecidos e fabricar tintas para escrever. Atualmente, a madeira do pau-brasil é utilizada na confecção de arcos de violino e está ameaçada de extinção.

Com duas naus, duas caravelas e um galeão, tripulados por cerca de 400 homens, a armada de Martim Afonso de Sousa se constituía na maior e mais cara expedição enviada por Portugal ao Brasil desde o descobrimento. A expedição é descrita em detalhes

2 Brasil Descobrimento (1501 a 1550)   23

no diário de navegação escrito por Pero Lopes de Souza, onde se lê o trecho a seguir:

> Em 3 de dezembro de 1530 partiu da Barra do Tejo uma frota capitaneada por Martim Afonso de Sousa, investido no cargo de governador da Terra do Brasil. A expedição tinha como objetivo acabar de vez com a presença de corsários franceses, que queriam rivalizar com o comércio português, atrair a amizade dos indígenas e estabelecer um núcleo colonial no Brasil. A expedição trazia ferramentas, sementes, mudas de plantas e animais domésticos que deveriam ser utilizados para o estabelecimento das primeiras comunidades e representava um primeiro passo para a colonização.
>
> A esquadra seguiu a rota costumeira. No início de março quando estava indo de Recife a Salvador, Pero Lopes de Sousa, irmão de Martim Afonso, relatou: Quartafeira seis dias do dito mes, andamos em calma até á noite, que toda a passamos com muitas trovoadas de vento e relampados. (Sousa, 1530-1532).

Note que a palavra utilizada era *relampados* com *d*, o qual não foi um erro de grafia de Pero Lopes de Sousa, pois a mesma palavra aparece em *Os lusíadas*, de Camões:

> Contarte longamente as perigosas
> Coisas do mar, que os homes não entendem:
> Súbitas trovoadas temerosas,
> Relampados que o ar em fogo acendem;
> Negros chuveiros, noites tenebrosas,
> Bramidos de trovões que o mundo fendem. (Camões, 1572).

Em Salvador, Martim Afonso de Sousa iria encontrar Caramuru. Mais adiante, na viagem para o Rio de Janeiro, segue outro relato de Pero Lopes de Sousa escrito no diário de bordo:

> Domingo des do mês de março, de noite, no quarto da prima [termo que significa meia-noite], nos deu hua trovoada com

tanta força de vento, que amainados, metia a nau o portaló por debaxo do mar: eram tantos os relampados que a todos nos punha temor: e rendido o quarto da prima me deu hum raio no masto do traquete da gavia, que mo fez em dous pedaços.(Sousa, 1530-1532).

Martim Afonso de Sousa e sua armada chegaram a Cabo Frio em 29 de abril de 1531. No dia seguinte, entraram na baía do Rio de Janeiro, onde a frota permaneceu até 1º de agosto. Em seu caminho rumo a Cabo Frio, Martim Afonso afundou e tomou naus francesas ao longo da costa brasileira. Em janeiro de 1532, após ter naufragado na atual costa do Uruguai e ter sobrevivido agarrado a um pedaço de madeira, fundou a vila de São Vicente, o primeiro núcleo efetivo de portugueses no Brasil, e a vila de Piratininga, que viria a dar origem à cidade de São Paulo. Em maio de 1533, Martim Afonso partiu rumo a Portugal, nunca mais tendo voltado. Mais de 150 homens da expedição permaneceram no Brasil.

Naquela época, era comum navios serem atingidos por raios, o que causava um cheiro típico de enxofre que os marinheiros detestavam. Visto que ainda não havia para-raios, os raios provocavam rombos no casco e fogo nos mastros, o que, em alguns casos, levava a explosões da pólvora armazenada.

Também havia relatos de causarem danos às bússolas e até mesmo às pessoas, embora tais efeitos não fossem comprovados. Alguns relatos da época sugeriam ainda que casos de cólera a bordo sempre ocorriam depois de tempestades e que no Rio de Janeiro havia um aumento sensível de casos de febre amarela nos dias seguintes a tempestades.

Em 1549, o português Tomé de Sousa foi nomeado governador-geral do Brasil e veio para o país com um grupo de jesuítas comandados por Manuel da Nóbrega, que viria a ter um papel fundamental nos fatos que se sucederiam.

Brasil Colônia (1551 a 1807)

Para os escravos vindos da África, os raios eram manifestações dos deuses, similares à crença dos índios. A única diferença é que, para eles, esses deuses já haviam habitado o planeta no passado como seres humanos.

Em 25 de janeiro de 1554, cerca de dez jesuítas, entre os quais o padre Manuel da Nóbrega, com 36 anos, o padre José de Anchieta, com apenas 20 anos, e alguns homens da expedição de Martim Afonso de Sousa que ficaram em São Vicente fundaram um posto avançado rumo ao interior na vila de Piratininga, o Colégio de São Paulo dos Campos de Piratininga. Com o objetivo de catequizar os índios, a ideia de fundar uma escola nesse local havia sido de Nóbrega, que chegara a São Vicente em 1553, após sofrer um naufrágio próximo à atual cidade de Santos. O local havia sido escolhido em razão da segurança e do abastecimento de água. Os jesuítas viviam em uma casinha que, ao mesmo tempo, servia de escola e enfermaria, conforme descrito em uma carta de Anchieta aos seus superiores na Europa.

> Era uma pobre e desconfortável casinha feita de barro e paus, coberta de palha, tendo apenas catorze passos de comprimento e dez de largura, não protege do frio, mas, apesar de tudo isso, é uma feliz cabanazinha. (Bueno, 2004).

As tempestades em Piratininga foram também motivo de relato de Anchieta aos seus superiores na Europa:

> Os trovões no entanto fazem tão grande estampido, que causam muito terror, mas raras vezes arremessam raios; os relâmpagos

lançam tanta luz, que diminuem e ofuscam totalmente a vista, e parecem de certo modo disputar com o dia na claridade; a isto se ajuntam os violentos e furiosos pegões de vento, que sopra algumas vezes com ímpeto tão forte, que nos leva a ajuntarmo-nos alta noite e corrermos ás armas da oração contra o assalto da tempestade, e a sairmos algumas vezes de casa por fugir ao perigo de sua quéda; vacilam as habitações abaladas pelos trovões, caem as árvores e todos se aterram. (Anchieta, 1560).

Piratininga constitui-se em um marco do início da colonização do interior do país, posteriormente levada a cabo pelos bandeirantes. Fundado em uma colina para facilitar a defesa de possíveis ataques dos índios, o colégio localizava-se em um local onde havia três cemitérios indígenas e uma itaecerá, palavra que, em tupi, designa pedra rachada por raio. O local é conhecido hoje como Pátio do Colégio, na Praça da República, próximo à Praça da Sé, no centro de São Paulo. Especula-se que a itaecerá está enterrada embaixo da atual Catedral da Sé. É interessante que muito próximo a esse local se iniciaram os registros sistemáticos da ocorrência do número de dias de tempestade por ano na cidade de São Paulo, no então prédio próprio da chamada Escola Normal, fundado em 1894.

Quase que simultaneamente à fundação de Piratininga, outro fato histórico veio a ter grande repercussão. Em 1553, um marinheiro alemão chamado Hans Staden naufragou a bordo de uma nau espanhola, vindo parar em Itanhaém, no litoral do atual Estado de São Paulo. Especialista em artilharia, foi convidado pelos portugueses a permanecer em um forte em Bertioga, para ajudar a defendê-lo dos índios. Um dia, ao passear ao redor do forte, foi preso pelos índios e levado para Ubatuba, tendo permanecido aprisionado por dez meses. Por ironia do destino, a crença dos nativos de que com orações ele podia afastar as temidas tempestades foi o que o fez sobreviver. Anos mais tarde, Hans Staden publicaria um livro descrevendo o Brasil como um país de selvagens nus, ferozes e canibais:

3 Brasil Colônia (1551 a 1807)   27

> Quando o sol indicava quase ave-maria e estavam eles ainda duas milhas distante do lugar onde pretendiam acampar durante a noite, levantou-se uma grande e medonha nuvem negra, que se aproximava de nós. Tiveram medo da nuvem e remaram depressa para alcançar a terra. Viram porém que não poderiam escapar-lhe e disseram-me: "Fala ao teu deus que a grande tempestade não nos faça nenhum mal". Recolhi-me e orei a deus, como eles me pediram: "O tu, deus todo-poderoso, senhor do céu e das terras, tu, que desde o começo ouviste os homens e os ajudastes, quando o teu nome imploraram. Prova-me, entre os índios, a tua misericórdia. Faz-me saber que tu ainda estás comigo. Mostra aos pagãos selvagens, que nada sabem de ti, que tu, meu deus, ouviste minha prece". Eu jazia amarrado na canoa e nada via da nuvem borrascosa. Os índios porém olharam para trás e disseram: "A grande tempestade está se desviando". Ergui-me então um pouco e olhei em torno. A nuvem ia desaparecendo. Agradeci pois a deus. (Staden, 2008).

O livro tornou-se um *best-seller* e foi traduzido do alemão para o português por Monteiro Lobato, em 1925, com o nome de *Meu cativeiro entre os selvagens do Brasil*.

Entretanto, os conflitos com a França, que começaram logo após o descobrimento, ainda não tinham acabado. Em julho de 1555, Nicolas Durand de Villegagnon, com o apoio do monarca francês Henrique II, resolveu montar uma expedição para o Rio de Janeiro para fundar a França Antártica, acreditando que a cidade se localizava perto do polo antártico. A expedição, formada por três navios, partiu da França em agosto de 1555 e encontrou contratempos ainda na costa desse país, quando uma tempestade obrigou os navios a ancorar na cidade de Dieppe, onde grande parte dos tripulantes desertou apavorada com o "aviso dos céus". Ainda assim, em novembro do mesmo ano, os navios franceses entraram na Baía da Guanabara.

Villegagnon instalou seu acampamento com 600 pessoas em uma ilhota chamada pelos índios de Sergipe, onde hoje está instalada a Escola Naval, em frente ao Aeroporto Santos Dumont. Ali, ergueu um baluarte de madeira que chamou de Forte Coligny, em homenagem a Gaspar de Coligny, almirante francês e um dos incentivadores do projeto. Em 21 de fevereiro de 1560, depois de cinco anos de domínio dos franceses, uma frota portuguesa sob o comando de Mem de Sá entrou na Baía da Guanabara. Após cerca de três semanas de luta, em meio a tempestades, em 20 de março de 1560 os franceses do Forte Coligny se renderam. Os conflitos ainda perdurariam por sete longos anos no continente, período em que os franceses contaram com o apoio dos índios tamoios. Somente em 1567 o governador-geral Mem de Sá reconquistou o Rio de Janeiro, expulsando os franceses.

Em meados do século XVI, uma vasta rota de escravos da África para o Brasil foi estabelecida, tendo perdurado até o início do século XIX, quando, em 1815, a Inglaterra, ao sentir-se prejudicada pelo tráfico, decidiu proibi-lo. No porão dos navios negreiros, por mais de 300 anos, cruzaram o Atlântico cerca de três milhões de africanos. Um a cada cinco escravos não sobrevivia à viagem ao Brasil. Um dos povos africanos trazidos para o Brasil foi o dos negros iorubas, também chamados de nagôs. Eles cultuavam deuses chamados orixás e acreditavam que, em um tempo bem antigo, esses seres viveram muitas aventuras na Terra antes de habitar o Orum, o céu dos orixás. Os nagôs criam que tinha sido Olorum, o Senhor do Céu, quem havia concebido esses deuses, incumbindo-lhes de criar este mundo em que vivemos e tomar conta de tudo que nele acontece. Entre os orixás, temos Xangô, o deus que rege o trovão, e Iansã, a senhora dos raios, dona das tempestades.

Quando os iorubas foram capturados, separados de suas famílias e transportados nos navios negreiros da África para o Brasil para serem escravizados, trouxeram a crença em seus orixás e refizeram aqui a religião africana. Mais tarde, em 13 de maio de 1888, a escravidão foi abolida no Brasil, mas poucos negros retornaram à África. A maioria deles já era parte deste país. Também os orixás aqui ficaram para sempre. Dessa maneira se preservaram as histórias de Xangô no Brasil, assim como as de outros orixás.

Quase um século e meio depois do malogro da França Antártica, os franceses voltaram a atacar o Rio de Janeiro em duas ocasiões: em agosto de 1710, liderados por Jean-François Duclerc, dessa vez pelo continente, após desembarcarem em uma praia próxima à Barra da Tijuca, tendo sido vencidos pelos portugueses; e em 1711, liderados por René Duguay-Trouin, que comandou uma frota de 17 navios e aproximadamente cinco mil homens. Após cerca de três meses de viagem (na época, os navios viajavam a cerca de 20 km/h), Duguay-Trouin e seus homens entraram na Baía da Guanabara em 12 de setembro, encobertos por um intenso nevoeiro, e enfrentaram a resistência dos portugueses situados na Fortaleza de Santa Cruz. Após três horas de batalha, com perdas de 80 homens e mais de 220 feridos, os franceses atingiram um ponto na baía longe do alcance da artilharia da fortaleza. Depois de enfrentar uma pequena resistência de canhões no Mosteiro de São Bento, no dia seguinte cerca de 500 franceses desceram na Ilha das Cobras, atual Arsenal da Marinha, próximo do centro da cidade.

Na época, o centro consistia em um conjunto de casas nas ruas da Direita (atual Primeiro de Março) e da Ajuda, nas imediações de onde hoje fica a Praça XV. Apesar de uma cidade pobre, o Rio de Janeiro, na época uma vila com pouco mais de 12 mil habitantes, era considerado um porto importante para escoar as riquezas minerais recém-descobertas em Minas Gerais. A despeito de ainda não ser chamada de cidade maravilhosa, título que recebeu por volta de 1920, durante a República, a cidade foi descrita pelos franceses como uma das mais belas existentes. Ao entardecer de 21 de setembro, durante uma violenta tempestade com raios intensos e chuvas torrenciais, os franceses dominaram-na facilmente. O episódio serviu para desmentir uma crença da época que sugeria que o barulho dos canhões afugentava os raios. A população do Rio de Janeiro fugiu desordenadamente para o interior, deixando para trás casas e pertences ao longo de ruas alagadas pelo intenso temporal.

Em 23 de setembro, a guarnição da Fortaleza de Santa Cruz rendeu-se às forças francesas. Duguay-Trouin exigiu do governador do Rio de Janeiro, Francisco de Castro Morais, uma recompensa de 600 kg de ouro, cem caixas de açúcar e 200 cabeças de gado para não destruir a cidade. Em 10 de outubro, Duguay-Trouin e o mestre de campo João de Paiva Souto Maior, que representava o governador, assinaram um acordo para o pagamento do resgate da cidade. No dia seguinte, chegou ao Rio de Janeiro uma tropa de seis mil homens chefiada por Antônio Albuquerque Coelho de Carvalho, governador da capitania de São Paulo e Minas Gerais, que nada pôde fazer em razão do acordo assinado. Em 4 de novembro, após receber a última parcela da recompensa, Duguay-Trouin evacuou a cidade. As tropas francesas partiram do Rio de Janeiro em 13 de novembro, deixando para trás uma cidade totalmente devastada. No trajeto de volta, perto do arquipélago dos Açores, três dos melhores navios afundaram em virtude de uma tempestade, com 1.200 homens a bordo e boa parte das riquezas.

No início do século XVII, ainda não se tinha conhecimento sobre a essência ou origem física dos raios, como se pode ler no relato a seguir:

> Em 19 de março, dia do patriarca São José, pelas 11 horas da noite, houve nesta cidade grandes trovões que parecia acabava a Bahia, e neste trovejar caíram vários coriscos tanto em terra como no mar; no mar fez a destruição de 6 navios, donde entrou a nau de guerra, e os outros mercantes donde fez várias destruições como de mastro, e perigos de algum grumete; e em terra também caíra em várias casas, não ofendendo a ninguém, e no Carmo desta cidade caiu um corisco em uma varanda nova que andava fazendo, e destruiu algumas partes; e em uma capela dos terceiros de São Francisco também caiu outro em que quebrou uma cruz de pedra, que estava no alto da capela-mór, pela parte

de fora, e já digo a Vossa Paternidade, que os trovões foram tão grandes, e junto com eles muita chuva, e sem vento, e estes avisos só sucede na Bahia. Deus, Nosso Senhor, nos acuda pelo seu divino amor, pois são tão grandes os pecados que há nesta terra, que fazem gala deles, principalmente no sexto mandamento; não digo mais, só sei, que nesta noite vi a morte diante dos olhos em o castigo que o Nosso Senhor nos mostrou. (Revista do Instituto Histórico e Geográfico Brasileiro, 1893).

Em 1752, Benjamin Franklin descobriu que o raio é uma descarga elétrica. Contudo, essa descoberta não atraiu o interesse dos cientistas envolvidos nas expedições científicas ao Brasil, que começaram a se tornar comuns nesse período, apesar das restrições impostas por Portugal à entrada no Brasil.

Em 1768, o navio comandado pelo capitão inglês James Cook, em sua expedição ao redor do mundo, que levava diversos cientistas, entre eles botânicos, zoólogos e astrônomos, embora tenha recebido permissão para abastecer-se de água no Rio de Janeiro, não obteve permissão para seus tripulantes desembarcarem. Durante a viagem pela costa do Brasil, entre 1º e 9 de novembro desse ano, indo do equador para o Rio de Janeiro, Cook mencionou em seu diário ter observado raios somente ao chegar à cidade. O Rio de Janeiro já era a capital do país, que tinha sido transferida de Salvador, em 1763, por ordem do Marquês de Pombal, então ministro do rei José de Portugal. Em 1783, Alexandre Rodrigues Ferreira seria o primeiro brasileiro a fazer uma expedição científica pelo país. A viagem durou dez anos.

Brasil Império de Portugal (1808 a 1821)

Os raios continuam a afundar navios, ainda desprovidos de sistema de proteção, constantemente mudando o rumo dos acontecimentos.

A passagem do Brasil de colônia para império de Portugal ocorreu com a vinda de D. João VI ao Brasil, em 1808, na nau capitânia Príncipe Real, com capacidade para mais de mil pessoas. D. João VI, então com 41 anos de idade, veio acompanhado de cerca de 15 mil pessoas, dispostas em 46 navios, fugindo das tropas invasoras de Napoleão Bonaparte. A viagem, que começara no porto de Lisboa em 29 de novembro de 1807, enfrentou contratempos logo no início. No trajeto, a esquadra confrontou-se com tempestades próximo à Ilha da Madeira em 8 de dezembro. Um denso nevoeiro cobriu toda a frota, seguido de uma violenta tempestade. Com vazamentos no casco, os barcos se encheram de água e muitos deles tiveram velas e cordas rompidas. O pânico e as náuseas tomaram conta dos passageiros, desacostumados às dificuldades de uma viagem tão longa. No dia seguinte, ao amanhecer, uma parte da frota havia desaparecido; os ventos dispersaram a esquadra, fazendo-a se dividir em dois grupos. Após esse contratempo, contudo, a viagem foi tranquila, apesar de os navios serem frequentemente atingidos por raios e não possuírem para-raios, assim como quase a totalidade dos navios na época.

Entre 1810 e 1815, há registros de 35 barcos ingleses danificados por raios. Apesar de o para-raios ter sido inventado por Benjamin Franklin nos Estados Unidos em 1752, a invenção ainda não havia tido ampla aceitação, e na Inglaterra havia críticas no sentido de que os para-raios poderiam colocar os navios ainda sob maior risco.

O grupo que incluía a nau Príncipe Real chegou ao Brasil em 21 de janeiro de 1808, tendo aportado em Salvador, onde permaneceu por 45 dias, para depois seguir para o Rio de Janeiro, enquanto o outro grupo seguiu direto para o Rio de Janeiro. Em Salvador, D. João VI adotou medidas que teriam reflexos relevantes para o futuro do Brasil, entre elas a abertura dos portos a nações amigas e a criação da primeira escola de medicina do país.

A chegada do grupo de D. João VI ao Rio de Janeiro, onde o outro grupo já o aguardava, ocorreu em 7 de março de 1808. Ao pisarem em terra, na manhã do dia seguinte, uma grande festa esperava a comitiva real, que seguiu em procissão pelas ruas da Direita e do Ouvidor até a igreja do Rosário.

> D. João, logo depois de chegado aqui, não contente com as suas instalações no Paço da Praça XV, e enquanto ainda não tinham oferecido a Quinta da Boa Vista, teve olho no mosteiro de São Bento, achando-o ótimo para uma nova sede da corte. Os monges, entretanto, não sorriram a esta pretensão do soberano e, durante uma visita que este lhes fazia, um deles, mais ladino, achou jeito de dissuadi-lo de semelhante propósito. É que conhecendo o temperamento do príncipe regente e, sobretudo, o seu horror às trovoadas, no correr da conversação apontou defeitos à situação do mosteiro que, assim, no alto de um morro, já sentira os efeitos de um pequeno abalo sísmico e, por várias vezes, atraíra faíscas elétricas. Escusado é dizer que, daí por diante, D. João arrefeceu de todo o seu entusiasmo pelo sonhado Paço com tão esplêndidas vistas sobre a Guanabara e a cidade e transferiu-se para a Quinta da Boa Vista no Paço de São Cristovão, atualmente ocupado pelo Museu Nacional. (Cruls, 1965).

Naquela época, o Rio de Janeiro, capital da colônia, possuía cerca de 60 mil habitantes, a maioria escravos que habitavam aproximadamente quatro mil residências, sendo uma parada quase obrigatória para todos os navios que partiam da Europa e dos Estados Unidos antes de seguir para a Ásia e a África e os navios negreiros vindos da África. Protegidas do vento e das tempestades pelas montanhas, as águas da Baía da Guanabara eram calmas e adequadas ao reparo dos navios. Metade da população do Rio de Janeiro era constituída de crianças; as mulheres não costumavam sair de casa e as ruas, estreitas e cobertas de areia branca, eram repletas de cachorros. O cotidiano dos habitantes do Rio de Janeiro era marcado pela convivência com regiões alagadiças – focos de mosquitos e doenças – e, ao mesmo tempo, pela dificuldade de abastecimento de água potável. Não havia nenhum tipo de iluminação, pois a iluminação a gás só se iniciaria em 1860. O alto dos morros, onde se localizavam quase todas as instituições religiosas, estava, ao contrário de hoje, entre as áreas consideradas mais ricas. Em média, trovoadas ocorriam 30 dias por ano na cidade, a maioria entre janeiro e março, mas, a julgar pelas declarações do Marquês de Borba, que chegara ao Rio de Janeiro com D. João VI, aquele ano estava com mais tempestades:

> O Marquês de Borba sentia-se assustado com as frequentes tempestades tropicais, e escreveu a seus familiares em Lisboa após suas primeiras semanas no Rio de Janeiro: "aqui há todos os dias trovoadas como nunca ouvi em minha vida; é de pasmar, e faz horror, e sempre caem raios nas montanhas de que a cidade é guarnecida". (Wilcken, 2004).

D. João VI tinha muito medo de tempestades e sempre que ouvia trovões no Paço de São Cristóvão costumava interromper as atividades, trancar-se no quarto e fechar todas as janelas. O Paço de São Cristóvão foi o local onde nasceu D. Pedro II e onde se realizou a primeira Assembleia Constituinte Republicana.

> O viajante prussiano Theodor von Leithold, que chegou ao Rio de Janeiro em 1819, confirma em seus relatos que D. João tinha medo de trovões. "Se o rei não se sente bem, se adormece ou se

sobrevém uma tempestade, o que produz sobre ele forte impressão, encerra-se em seus aposentos e não recebe ninguém", escreveu ao explicar o cancelamento de uma das cerimônias do beija-mão no Palácio de São Cristóvão. (Gomes, 2010).

D. João VI foi um incentivador da ciência, tendo fundado em 13 de junho de 1808 o Jardim da Aclimação, mais tarde denominado Real Horto e, atualmente, Jardim Botânico. Também constituiu a Biblioteca Nacional, formada a partir do acervo de D. João VI, enviado ao Brasil em 1810. As primeiras plantas do Jardim Botânico vieram da Ilha da França, arquipélago das Ilhas Maurício, entre elas a palmeira apelidada Palma Mater ou Palmeira Imperial por ser a "mãe" de todas as demais palmeiras dessa espécie no Brasil, plantada pessoalmente por D. João VI em 13 de junho de 1809. Em poucos anos, a árvore se tornou a mais alta do Jardim Botânico, ganhando a admiração de todos. Em 1829, poucos anos após a partida de D. João VI, a Palma Mater viria a brotar as primeiras flores.

Mais tarde, em uma noite de fortes chuvas, em 25 de outubro de 1972, aos 162 anos (a vida média dessas palmeiras é de 150 a 200 anos), com 39 m de altura (a árvore mais alta do Jardim Botânico na época) e um diâmetro de quase 1 m na base, ela foi atingida por um raio, que destruiu sua bela copa e queimou seu cerne, além de entortar a grade que a circundava. Apesar disso, permaneceu em pé, morta, tendo sido abatida somente em janeiro de 1973, para não cair sobre os frequentadores do parque. Hoje, cerca de 1,5 m de seu tronco encontra-se guardado no Jardim Botânico. No ano seguinte a seu abate, em 21 de setembro de 1973, o Jardim Botânico replantou no sítio da Palma Mater uma semente dela e, hoje, a nova Palma Filia já atinge mais de 20 m. Plantada por toda parte no Brasil com a venda das sementes por escravos, a palmeira se reproduziu admiravelmente, a ponto de parecer, hoje, uma planta nativa.

A partir da chegada de D. João VI ao Brasil, um grande número de sábios, cientistas e naturalistas desembarcou no país em expedições exploratórias, as quais deram início ao levantamento de informações científicas sobre os raios e as tempestades no Brasil. D. João VI e sua corte permaneceram no Rio de Janeiro por 13 anos, voltando a Portugal em 1821. Nesse período, o Brasil se transformou de uma colônia atrasada em um verdadeiro país. Como resultado, surgiu a ciência brasileira e nossa independência, em 1822. Pode-se dizer que D. João VI foi um "raio" que passou pela história nacional, contribuindo de forma decisiva para acelerar as pesquisas científicas.

# Brasil Império (1822 a 1888)

Foi durante o Império que as primeiras observações científicas dos raios, considerados, na época, um fluido elétrico, foram feitas com câmaras fotográficas no Brasil.

Com o retorno de D. João VI a Portugal em 1821, começa uma nova etapa na história do Brasil. Em 7 de setembro de 1822, o príncipe D. Pedro I, com apenas 23 anos e acompanhado de uma guarda que não teria mais de 15 integrantes, declarou a independência do Brasil às margens do riacho do Ipiranga, tornando-se o primeiro imperador do país.

D. Pedro I iniciara em 14 de agosto a viagem do Rio de Janeiro para São Paulo, chegando em 25 de agosto, após 11 dias de viagem de mula, considerada mais adequada do que cavalos para subir as serras pelo Vale do Paraíba. Em 5 de setembro, foram para Santos. Foi quando viajava de volta de Santos para São Paulo, na altura das margens do riacho Ipiranga, que emissários entregaram-lhe uma correspondência de Lisboa exigindo a volta dele para Portugal e o cumprimento de resoluções que devolviam ao Brasil o estatuto de colônia. Revoltado com as ordens, ele declarou a independência do Brasil. Na noite daquele dia, houve comemorações no Teatro de Ópera, localizado no Pátio do Colégio, onde a cidade de São Paulo teve origem. A proclamação da independência conferiu à cidade de São Paulo uma centralidade na história nacional desproporcional à sua pequena população e à sua precária projeção econômica na época.

Contudo, em 1831, D. Pedro I abdicou em nome de seu filho, com 6 anos, tendo retornado a Portugal, onde viria a falecer de tuberculose em 24 de setembro de 1834. A partir daí, desencadearam-se revoluções por todo o país, em geral em busca da separação do Império. A mais longa e violenta delas ocorreu no Rio Grande do Sul, entre 1835 e 1845, a Guerra dos Farrapos, chegando até a ser criada uma república independente, a República Rio-Grandense ou Piratini, em 1836. O conflito iniciou-se em 20 de setembro de 1835, quando os rebeldes, liderados por Bento Gonçalves da Silva, apossaram-se de Porto Alegre, obrigando as forças imperiais a deixar a região. Durante o conflito, morreram mais de três mil homens. Entre os farrapos, acreditava-se que os trovões eram o barulho do cavalgar no céu dos soldados mortos em batalha.

Na Guerra dos Farrapos, as tempestades tiveram um papel importante no episódio ocorrido em 1839, considerado o maior feito da guerra. Sob o comando de Giuseppe Garibaldi, os revolucionários fizeram a travessia de dois enormes barcos de ferro por terra, para atingir o mar, durante nove dias, a partir da Lagoa dos Patos até a praia de Tramandaí. Na época, o porto de Rio Grande, tomado pelos imperiais, impedia que os barcos na Lagoa dos Patos alcançassem o oceano. Puxados em carretas por bois ao longo de cerca de 60 km, em terreno arenoso e sob intenso temporal, os barcos Seival e Farroupilha chegaram ao oceano.

Garibaldi foi um revolucionário que nasceu na França e, em 1835, com 28 anos de idade, fugiu da Europa e exilou-se no Brasil. Em 1838, juntou-se aos revolucionários liderados por Bento Gonçalves, sendo nomeado comandante da Marinha Farroupilha.

Ao atingirem o mar, os revolucionários hastearam a bandeira da República Rio-Grandense. Rumo a Laguna, em Santa Catarina, o barco Seival, de maior porte, navegava na dianteira, seguido pelo barco Farroupilha, onde estava Garibaldi. Na altura do Cabo de Santa Marta, uma violenta tempestade ocorreu. O Seival conseguiu atravessá-la, mas o Farroupilha naufragou. Garibaldi, que era um exímio nadador, mergulhou várias vezes para salvar os amigos; em vão, porque não conseguiu vencer as ondas. Chegando à praia, exausto, encontrou poucos sobreviventes.

5 Brasil Império (1822 a 1888)   39

Os seis italianos que me acompanhavam estavam mortos. Carniglia, Mutru, Starderini, Nadonne e Giovanni [...]. Não me recordo do nome do sexto. Não obstante, devia me lembrar de seu nome. Peço perdão à pátria por havê-lo esquecido. (Capuano, 1999).

Diversos relatos da Guerra dos Farrapos fazem menção às tempestades, como o descrito a seguir:

A barraca sacudia com o vento de temporal, mas lá dentro, protegido pela lona, o mesmo ar pesado, úmido, continuava incomodando Bento Gonçalves. Incomodava por recordar a cela quente no Rio de Janeiro, onde ele cozinhara no próprio suor por dias e dias a fio sem um banho que fosse. No mais, estava em casa. Se saísse para o campo, veria as árvores do capão assoladas pelo temporal, vergadas por aquele vento fresco, incansável, que vinha de longe, que vinha da Argentina. Gostava de tempestades, de ver o pampa alisado pelo pente dos temporais, os raios explodindo ao longe, rachando o céu com sua luz prateada.[...] Bento Gonçalves levantou do seu banco, pediu licença e saiu para o campo. Lá fora, soldados recolhiam os cavalos e protegiam os mantimentos da fúria do temporal, e tudo isso dava uma agitação quase caseira ao acampamento.[...] Andou uns passos, sentindo o vento úmido lamber seu rosto, penetrar por entre a barba como um afago. A chuva começava a engrossar, mas era boa, fresca. Do chão se levantava aquele cheiro bom de terra molhada. Um raio estourou no céu, bem perto. Bento Gonçalves olhou para os lados, saboreando aquele pampa que por tanto tempo revira em seus pensamentos, até que perdesse os seus contornos reais, até que virasse nada mais do que um sonho, um lugar mítico, pelo qual ansiava nas longas noites pegajosas da prisão.
Ao longe, sob uma árvore, Joaquim olhava o temporal. Bento Gonçalves correu até o filho.
– Vosmecê estudou tanto, Joaquim. Esqueceu, por acaso, que uma árvore não é um bom lugar para se apreciar uma tempestade? – falava sorrindo, a chuva escorrendo pelo rosto, molhando o cabelo negro. – Vem, Quincas, vamos para um lugar melhor, não necessariamente um teto... Também tenho gosto numa boa chuva.

> Saíram ambos caminhando pelo acampamento. O chão já se enchia de poças. O vulto alto e teso de Joaquim seguia ao seu lado, no mesmo passo. (Wierzchowski, 2003).

Foi logo após o término da Guerra dos Farrapos que outra lenda semelhante àquela de Santa Bárbara surgiu no Rio Grande do Sul, a de São Jerônimo. Tudo começou com a construção de uma igreja em uma tribo de guaranis conhecida como Aldeia dos Anjos. Para enfeitar a igreja, foram encomendadas, de muito longe, imagens de santos, todas de tamanho natural. Tais obras de arte tiveram um custo altíssimo e tornaram-se verdadeiras raridades. Passado algum tempo, os jesuítas tiveram que abandonar o local em virtude da Revolução Farroupilha. Por isso, as famílias da aldeia resolveram retirar os santos, com o intuito de preservá-los, evitando que fossem destruídos ou até mesmo roubados. No final do conflito, iniciou-se, então, a reconstrução da igreja. Uma grande festa foi organizada para o retorno das imagens dos santos à igreja. Ao término da festividade, os fiéis sentiram falta de uma imagem, a de São Jerônimo, que era toda talhada em cedro. Como ninguém conseguiu explicar o desaparecimento dela, foi unânime a ideia de que fora roubada. Passados alguns anos, em certa noite de inverno, desabou sobre a povoação uma tempestade sem precedentes, com grandes descargas elétricas. Um raio caiu sobre a igreja, desceu pela cruz e rachou a fachada até uma das janelas, produzindo sérios estragos no telhado.

> Uma velha índia, impressionada com o fato, saiu pelas ruas gritando:
> – "Castigo de Tupã! Castigo de Tupã! Roubaram nosso São Jerônimo e, enquanto não nos trouxerem de volta o santo roubado, a nossa vila sofrerá o castigo do céu!".
> Esses gritos da índia deram origem à lenda de que, enquanto a imagem de São Jerônimo não voltasse à igreja da "Aldeia dos Anjos", sofreriam com a cólera do Senhor das Tempestades, do raio e do trovão. (Laytano, 1956).

5 Brasil Império (1822 a 1888)   41

A verdade, porém, é que em 30 de setembro de 1850 a imagem fora levada para a recém-criada Capela de São Jerônimo, no atual município de São Jerônimo, com prévia concordância do vigário da cidade de Viamão, a cuja jurisdição pertencia, na época, a Aldeia dos Anjos. Assim como a Guerra dos Farrapos, outras revoluções ocorreram no Brasil contra o Império. A Revolução Cabana, também conhecida como cabanagem, eclodiu em Belém do Pará em 1835, deixando mais de 30 mil mortos, e a população local só voltou a crescer significativamente em 1860. Esse movimento matou mestiços, índios e escravos, mas também dizimou boa parte da elite da Amazônia. O principal alvo dos cabanos eram os brancos, especialmente os portugueses mais abastados. A grandiosidade dessa revolução extrapola o número e a diversidade das pessoas envolvidas. Nascida em Belém do Pará, a Revolução Cabana avançou pelos rios amazônicos e pelo oceano Atlântico, tendo atingido uma ampla região. Chegou até as fronteiras do Brasil central e aproximou-se também do litoral norte e nordeste.

Um dos líderes da revolução, Eduardo Francisco Nogueira, ou Eduardo Angelim, era um migrante cearense que começou a vida no campo, arrendando terras. Em 1865, após tomarem Belém, Angelim resolveu fugir. A saída dele foi marcada por uma tempestade. Ele esperou o horário da chuva cotidiana em Belém e, em meio a uma torrencial tempestade, atravessou a baía do Guajará na foz do Amazonas, passando sorrateiramente pelo meio das tropas imperiais e das embarcações estrangeiras que ali estavam sediadas.

Ao mesmo tempo que as revoltas regionais ocorriam em diferentes partes do Império, em 27 de dezembro de 1831 partiu da Inglaterra o H. M. S. Beagle, uma embarcação à vela com três mastros e 27 m de comprimento, sob o comando do vice-almirante Robert FitzRoy, com a missão de mapear a costa da América do Sul. A bordo do Beagle, como acompanhante, estava um jovem curioso e de boa família, de 23 anos de idade, chamado Charles Robert Darwin, que mais tarde viria a se tornar um famoso naturalista, autor do livro *A origem das espécies,* que introduziu a teoria da evolução das espécies.

Diferentemente das naus de D. João VI, o Beagle foi uma das primeiras embarcações que continha para-raios em todos os mastros. Em grande parte, isso se deveu ao fato de, pouco antes do início da viagem, FitzRoy e Darwin terem ido a uma palestra sobre condutores de raios proferida por William Snow Harris. O palestrante mostrou a importância de ligar um ponto de todos os mastros à água por meio de condutores metálicos. A ida de FitzRoy à palestra não fora por acaso, pois ele tinha conhecimento dos perigos dos raios em razão de um dos membros da tripulação ter presenciado a destruição causada por um raio, em 8 de abril de 1828, ao mastro do H. M. S. Thetis no Rio de Janeiro.

Tais acontecimentos foram decisivos, pois há indícios de que o Beagle foi atingido ao menos duas vezes por raios ao longo da expedição, embora tais eventos não tenham sido documentados no diário de viagem escrito por Darwin. A eficácia do para-raios tinha sido comprovada e voltaria a ser confirmada em 1842, quando o navio Talbot foi atingido por um raio no Rio de Janeiro, não tendo sofrido nenhum dano. Mais tarde, Harris publicou um estudo detalhando os danos em 250 navios atingidos por raios.

Darwin chegou ao Brasil em 29 de fevereiro de 1832, tendo desembarcado em Salvador, na Bahia. Nessa cidade, presenciou a ocorrência de uma tempestade que, na opinião dele, parecia muito mais forte que as da Inglaterra e que o fez correr para debaixo de uma árvore, prática até hoje seguida por muitas pessoas e que aumenta o risco de serem atingidas. Mais tarde, em abril, Darwin chegou ao Rio de Janeiro, tendo se hospedado na praia de Botafogo. Lá, ele relatou com esplendor o Corcovado, sem mencionar tempestades, raras no Rio de Janeiro nessa época do ano. Ao visitar o Jardim Botânico, o naturalista teve seu primeiro contato com a floresta tropical, que o inspirou na elaboração, mais de vinte anos depois, da teoria da evolução das espécies, que revolucionou a

5 Brasil Império (1822 a 1888)

Biologia. Ao deixar o Rio de Janeiro e seguir para Montevidéu, no Uruguai, voltou a observar tempestades logo após deixar a costa do Rio Grande do Sul. Em uma carta enviada à irmã Susan, em Londres, em 22 de julho de 1832, Darwin fez um relato a bordo do Beagle mencionando os raios na costa do Brasil:

> A manhã apresentou o típico tempo desta região. Os raios eram muito vívidos, acompanhados de forte chuva e rajadas de vento, embora estivesse frio. À noite, do convés presenciei um espetáculo extraordinário; a escuridão da noite era interrompida por raios muito luminosos. Os topos dos mastros ficavam iluminados por fluido elétrico. Para completar este cenário de luzes naturais, o mar estava tão iluminado que os pinguins podiam ser acompanhados pela luz no rastro deixado na água enquanto se moviam. À medida que a noite ficava mais escura, a chuva e o vento aumentavam. (Darwin, 1839).

Durante o Império de D. Pedro II, entre 1840 e 1888, as expedições científicas se intensificaram, pois o imperador era um entusiasta das ciências, correspondendo-se com diversos cientistas da época, entre eles Louis Pasteur e Alexander Graham Bell. Na década de 1840, apoiou a consolidação do Imperial Observatório do Rio de Janeiro, atual Observatório Nacional, cedendo até seu observatório particular, situado no palácio em São Cristóvão. O Imperial Observatório do Rio de Janeiro havia sido criado em 15 de outubro de 1827 por um decreto do imperador D. Pedro I, porém, como estava sob controle militar, tinha como principais preocupações assegurar o bom funcionamento da administração do Estado, além da consolidação das fronteiras nacionais, ameaçada pelas revoltas populares.

A origem do Imperial Observatório do Rio de Janeiro remonta ao observatório criado pelos jesuítas em 1730 no Morro do Castelo, onde eram as instalações da escola criada por Manuel da Nóbrega em 1563. O observatório abrigava pessoas que se interessavam em explorar o ambiente natural. Nesse local, em 1780, os astrônomos portugueses Bento Sanches Dorta e Francisco de Oliveira Barbosa realizaram observações regulares de astronomia e meteorologia, registrando, por sete anos, o número mensal de dias de tempestade, na época definido por meio da observação da luminosidade do raio, e não do trovão.

> Sendo o ócio para mim pouco grato, e causando-se um grande enjôo, resolvi ocupar o tempo em coisa que fosse útil, e que pudesse dar conta dele, quando me visse obrigado a isso: e movido das altas obrigações que inspiram a vassalagem e o amor que os interesses da pátria exigem de todos os que constituem o corpo do estado, julguei que as observações meteorológicas eram o objeto de que devia lançar mão, pois enchiam as duas condições que buscava. (Memórias..., 1789).

Contudo, as atividades foram descontinuadas, assim como todas as demais atividades científicas do século XVIII. Com a vinda da família real, em 1808, para o Brasil, o acervo do observatório dos jesuítas foi transferido para a Academia Real Militar. Em 1844, o então Observatório Imperial passou a realizar observações meteorológicas. Em 1851, iniciou a publicação de um boletim meteorológico, os *Annaes Meteorológicos*, contendo, entre outros dados, o número mensal de dias de tempestade, com base na observação dos trovões.

Em 1840, a fotografia foi introduzida no Brasil. Ao utilizar um daguerreótipo, D. Pedro II fez uma demonstração no Rio de Janeiro:

> É preciso ter visto a cousa com os seus próprios olhos para se fazer idéia da rapidez e do resultado da operação. Em menos de 9 minutos, o chafariz do Largo do Paço, a Praça do Peixe e todos os objetos circunstantes se achavam reproduzidos com tal fidelidade, precisão e minuciosidade, que bem se via que a cousa tinha sido feita pela mão da natureza, e quase sem a intervenção do artista. (Jornal do Comércio, 1840).

Em um daguerreótipo, uma lâmina de prata é sensibilizada com vapor de iodo, formando iodeto de prata sobre si. Ao expor essa lâmina por cerca de 20 a 30 minutos na câmara escura, os cristais de iodeto de prata atingidos pela luz se transformam em prata metálica, de forma a gerar uma imagem que pode ser revelada pelo vapor de mercúrio, pois as regiões da lâmina mais atingidas pela luz formam mais prata metálica. O mercúrio reage com o iodeto de prata afetado pela luz, formando uma liga mais brilhante nas áreas mais claras da imagem. Para fixar a imagem na lâmina, utiliza-se uma solução de hipossulfito de sódio e, após a aplicação, a lâmina é lavada em água corrente.

Entusiasmado com a nova invenção, D. Pedro II, aos 14 anos de idade, encomendou um equipamento, comprando-o por 250 mil réis, possivelmente a primeira máquina desse tipo em mãos brasileiras.

Entre 1864 e 1870 ocorreu o maior conflito armado da história da América do Sul: a Guerra do Paraguai. No conflito, morreram cerca de 150 mil pessoas, sendo 50 mil brasileiros. Brasil, Argentina e Uruguai, aliados, derrotaram o Paraguai após mais de cinco anos de luta. Um episódio famoso da guerra ficou conhecido como "A Retirada de Laguna". Em maio de 1867, uma coluna brasileira formada por 1.680 homens, sob o comando do coronel Carlos de Morais Camisão, avançou sobre tropas paraguaias posicionadas em Mato Grosso (atual Mato Grosso do Sul). Foram, então, atacados e tiveram que retroceder em meio a tempestades, caminhando em pântanos e sujeitos a cólera. Apenas 700 homens sobreviveram e retornaram a Aquidauana:

> Desde o combate do dia 08 nada mais tinham os soldados que carregar ou perder; haviam atirado fora até os capotes que os embaraçavam, quando perseguiam os inimigos. As bestas, libertas das cargas, foram destinadas ao transporte do cartuchame. Para maior desgraça nossa tivemos, essa noite, uma chuva torrencial, verdadeiro dilúvio que nos pôs atônitos,

46 Brasil: que raio de história

embora já houvéssemos experimentado outra, e terrível e, desde pela manhã, lhe víssemos os prenúncios, o acúmulo de imensas nuvens bronzeadas, constantemente sulcadas pelos relâmpagos, por entre contínuo trovejar. Durante toda a noite mantiveram-se de pé os nossos soldados encostados às espingardas que haviam fincado no solo pela baioneta. Esta vigília assinala-se em nossas reminiscências não menos penosamente do que a do dia 5, entre tantos outros pousos desastrosos. É preciso haver alguém assistido, com a alma tomada de tristeza, a estas tremendas crises da natureza, para poder avaliar exatamente a extensão de sua influência sobre o organismo humano. Recursos não os tínhamos. Não havia em todo o acampamento uma só gota de álcool, capaz de entreter o calor intenso que nos fugia. O fogo, última esperança, não poderia acendê-lo sob tamanho temporal.

Foi-se tornando a escuridão intensa, o calor atroz.

Os animais, cavalos e bestas, estavam parados, apáticos, chegados aos homens à busca de proteção. Formavam os bois círculos apertados, com os chifres entrelaçados.

Afinal uma risca larga de fogo correu de um extremo a outro do horizonte.

Foi o sinal.

Houve um clarão medonho, uns segundos de pasmo; depois a conflagração dos elementos.

Desencadeou-se furiosa ventania; abriram-se as cataratas do céu no meio de relâmpagos de cegar com estampidos nunca ouvidos.

Pavoroso era o conjunto.

Bem no meio do nosso acampamento caíram os raios, atraídos pelas peças de artilharia; fulminavam soldados e com os contrachoques derrubavam-nos por terra, embora sentados e encolhidos debaixo do capote varado pela chuva. Não houve toldo, abrigo que agüentasse, quando madeiros alentados eram torcidos pela mão possante do vendaval, sacudidos de terra, arrancados e atirados ao longe como leves projéteis.

Para aumentar o horror daquela noite interminável, as nossas guardas avançadas, vendo ou cuidando ver, à luz dos relâmpagos, que pareciam despedaçavam uns de encontro ao outro, desfazendo-se em faíscas, vendo ou cuidando ver os inimigos avançarem, abriram contínuo fogo, de modo que a fuzilaria dos homens preenchia os raros intervalos em que se não ouvia o estrondear ensurdecedor dos céus.

Debaixo daquela descomunal tormenta, entraram em forma os batalhões, ficando os soldados com água pela cintura.

E assim se esperou a madrugada.

E quando luziu o dia, toda aquela natureza malferida, revolta, esmagada, aniquilada estava como que atônita de presenciar o final de semelhante convulsão.

Também daí a horas foram os empolados córregos a pouco e pouco diminuindo de volume, e, em borbotões cada vez mais fracos, depositavam nas escavadas margens placas esbranquiçadas de densa espuma com o rugido surdo de grandes cóleras que a custo se acalmam e se extinguem.

Da trovoada que passou, só ficaram nos céus umas nuvens flocosas e desfiadas que parece, se acercam do sol a transmontar-se para lhe formarem um diadema de esplêndidas pedrarias. (Taunay, 1997).

A Guerra do Paraguai foi vencida pelos aliados em 1870 e uma pequena parte do Paraguai foi anexada ao Brasil, no atual Estado de Mato Grosso do Sul.

Naquele mesmo ano, um relato muito curioso relacionado à incidência de um raio em uma fazenda em Porto Alegre foi publicado por jornais americanos:

Em 09 de junho de 1870, às duas horas da madrugada, durante uma violenta tempestade, um caso curioso ocorreu na propriedade de um fazendeiro chamado M. Laranja e Oliveira. Quando um empregado seu se aproximava da casa a cerca de 10 metros, um raio iluminou a casa. Ele sentiu um formigamento nos pés (que estavam descalços), que se propagou para seus braços e então para todo o corpo e finalmente para a cabeça, deixando os cabelos arrepiados a ponto de derrubarem seu chapéu. Ao mesmo tempo, a dois metros a sua frente, uma faísca branca saltou do chão, espalhando-se em uma cascata de faíscas menores. Aterrorizado, o homem atribuiu o ocorrido a uma alma de outro mundo e saiu correndo. Mais tarde ele verificou que as chaves que ele tinha em seu bolso durante o ocorrido ficaram magnetizadas, permanecendo assim por dois dias. (Flammarion, 1905).

Em 1871, o Observatório Imperial passou a ser dirigido pelo cientista francês Emmanuel Liais, criador do primeiro serviço meteorológico de previsão de tempo no Observatório de Paris, em 1855, logo após uma tempestade ter feito naufragar diversos navios no Mar Negro. Liais permaneceu como diretor até 1881. Logo após deixar o cargo, ele publicou, em Paris, um livro sobre a natureza do espaço celeste com uma gravura da Baía da Guanabara feita por sua esposa. Liais já havia estado antes no Rio de Janeiro, em 1858, e tivera a oportunidade de testemunhar diversas tempestades tropicais. Na época, a cidade sofria com as tempestades. Construída pelos portugueses, a região central da cidade era formada por ruas estreitas, sem nenhum cuidado com o escoamento de águas. Em tempo de tempestade, ficavam inundadas, deixando as pessoas com água até o meio das pernas. Liais tinha admiração pelas tempestades e raios e, em um de seus relatos, descreve-os no Rio de Janeiro:

> Tive muito freqüentemente a oportunidade de observar magníficas tempestades na bela baía do Rio de Janeiro e certamente no globo há poucos pontos melhor localizados para ser a sede de grandes tempestades elétricas, pois é a beira-mar que o ar é mais úmido, e o Rio de Janeiro oferece um cinturão de altas montanhas situadas ao mesmo tempo na zona tórrida e perto do litoral. Entre as peculiaridades que pude notar neste lugar notável, eu citarei especialmente a divisão freqüente dos raios em um número imenso de ramos durante diversas tempestades no verão de 1859. (Barboza, 2002).

Em 9 de novembro de 1885, um jovem estudante de Engenharia e funcionário recente do Observatório Imperial, Henrique Morize, então com 25 anos de idade, tirou a primeira foto (na época chamada *heliographia*) de um raio no Brasil, na cidade do Rio de Janeiro.

A foto mostrava um raio bastante ramificado e sugeriu a Morize, em concordância com os comentários anteriores feitos por Liais, que os raios nos trópicos poderiam ser mais ramificados, o que não foi comprovado posteriormente. Em 1886, Morize publicou um artigo sobre a fotografia:

> Os relampagos apresentam diversas formas, entre as quaes as mais communs são as do relampago diffuso, do em *zig-zag* e do simples traço de fogo. Mais raramente, sobretudo na Europa, parece a faisca dividir-se em ramos, dous, tres ou mais, que dão ao relampago um aspecto arborescente, radiado ou simplesmente ramificado.
>
> Os autores que mais se occuparam do presente assumpto deram estas ultimas formas como muito raras. Assim o illustre Arago em sua *Notice sur le tonnerre*, apenas cita tres casos de trisecção e dous de bifurcação. Kaemtz, o celebre meteorologista allemão, assevera ter somente visto uma vez em sua vida um relampago ramificado e M. Liais até ter vindo ao Brazil, nunca havia visto tal phenomeno.
>
> Entretanto n'estes ultimos tempos diversos pacientes observadores Europeus conseguiram observar, e graças aos progressos recentes do *gelatino-bromureto de prata*, photographar alguns relampagos divididos. A revista *La Nature* e algumas outras folhas publicarão estas observações, que sem duvida são conhecidas pelo leitor.
>
> Porém, como já o fez notar M. Liais, o phenomeno da divisão do relampago é relativamente frequente nos paizes intertropicaes e foi por elle observado diversas vezes no Rio de Janeiro, e mais tarde tambem por Poey, na Havana, com a violencia que caracterisa as tempestades nas Antilhas.
>
> Havia muito tempo que desejavamos pois approveitar as condicções electricas da nossa latitude e photographar algumas das mais caracteristicas formas que se produzissem. Para effectuar essa operação, é preciso durante uma noute de tempestade assestar uma boa camara escura para o lado de onde suppõe-se dever apparecer as centelhas, e depois de tel-a previamente focalisada, conserval-a aberta com a respectiva placa sensivel no caixilho.

Brasil: que raio de história

Os relampagos diffusos que illuminam por momentos o horisonte desenham levemente o perfil dos principaes planos, enquanto que os relampagos em traço, *zig-zag*, ou ramificados imprimem-se apezar da sua duração não exceder a um millesimo de segundo. Immediatamente após haver conseguido apanhar um bello relampago, convem tirar a placa para impedir que outro, vindo superpor-se parcialmente ao primeiro, diminua o interesse da observação.

Em seguida a um dia quente e a uma pequena baixa barometrica, apresentou-se na tarde de 9 de Novembro do anno passado, a Norte e Noroeste uma densa camada de cumulus de côr escura e de apparencia tempestuosa. Com effeito das 7 horas em diante, começaram brilhantes faiscas a sulcar as nuvens, e como apparecessem alguns relampagos divididos, tivemos a idéa de começar nossas experiencias e puzemos em posição uma camara escura com excellente objectiva de Hermagis, de tres pollegadas, tendo tido a precaução de tirar os diaphragmas, o que sem duvida diminue um pouco a nitidez, porém augmenta a sensibilidade do instrumento.

Depois de varios relampagos mais ou menos notaveis, brilhou repentinamente a noroeste uma faisca tão grande e intensa que instinctivamente todas as pessoas presentes fecharam os olhos para evitar tamanho brilho.

A placa desenvolvida no dia seguinte, deu a imagem que apresentamos hoje ao leitor e que é incontestavelmente mais notavel pela forma e pela grandeza que qualquer das que já foram publicados nas diversas revistas estrangeiras.

O que á primeira vista torna-se sensivel, além da grandeza do phenomeno, são as sinuosidades caprichosas que seguio a electricidade em seu escoamento.

No *cliché*, melhor ainda que na reprodução, distinguem-se pontos em que o fluido pareceu como que hesitar, voltar diversas vezes sobre o caminho percorrido e finalmente descrever uma curva helicoidal antes de seguir na direcção da terra. Um dos ramos que parece representar o papel de tronco é muito mais brilhante do que os outros que vieram inserir em seu curso.

Este facto poderia fazer suppor que os ramos menos intensos fossem outros relampagos, que impressionaram a placa antes do grande. Todavia acreditamos que tal facto não se deu, porque os primeiros relampagos que se produziram o fizeram em pontos differentes e como eram muito mais fracos, não puderam imprimir-se na placa. Aliás o facto de terem todos os ramos um tronco comum parece mostrar que o phenomeno foi unico.

O lado direito da estampa em que vê-se o ponto onde a descarga attingio a terra corresponde quasi exactamente ao Norte, emquanto que a outra extremidade attinge 35° a Oeste; o que verificou-se no dia seguinte substituindo a camara escura por um theodolito e visando os pontos do espaço representados no *cliché*. Apezar da grandeza da placa o relampago não foi comprehendido em sua totalidade na superficie sensivel, e a julgar pela intensidade dos traços cortados, parece que extenderam-se ainda muito no espaço. (Morize, 1886).

Uma análise detalhada do relato de Morize e da foto mostra que o raio registrado era, muito provavelmente, o que hoje chamamos um raio positivo, isto é, um raio que traz cargas elétricas positivas da nuvem para o solo. Esse tipo de raio corresponde a cerca de 5% dos raios que ocorrem atualmente no Rio de Janeiro. Em geral, raios positivos são mais intensos e duram mais tempo, o que facilita o registro. Nota-se que Morize enganou-se ao interpretar que a descarga voltava sobre o caminho, como que hesitando, antes de se dirigir para o solo. Na verdade, tal aspecto não passa de uma ilusão provocada pelo caráter bidimensional da foto. Finalmente, nota-se também que, na época, ainda se considerava a eletricidade um fluido que se propagava de forma instantânea. O elétron viria a ser descoberto pouco depois, em 1897, pelo físico britânico Joseph John Thomson.

Em 1887, Morize voltou a publicar outro artigo sobre a mesma fotografia do raio tirada em 1885.

Nossos leitores lembram-se certamente do relâmpago do dia 09 de novembro do anno passado, que publicamos no no. 10 de 1886; dizíamos então que os relâmpagos ramificados que eram até há pouco considerados como sendo muito raros, não o mereciam

> e que até eram relativamente freqüentes nas latitudes equino-
> xiaes. Todavia, relâmpagos da intensidade e da complexidade
> d'aquelle só muito descommunalmente são vistos; e apesar de
> todos os esforços, não conseguimos mais nenhuma faísca que
> se lhe pudesse comparar. (Morize, 1887).

Nesse texto, Morize volta atrás a respeito da primeira impressão que tivera de que os raios nos trópicos poderiam ser mais ramificados. Mais tarde, ele viria a participar de outro fato marcante sobre a pesquisa de tempestades e raios em nosso país, ocorrido em 1887.

Em 11 de julho, houve uma terrível tempestade no litoral do Rio Grande do Sul, nas proximidades da barra do Rio Grande, a qual resultou no trágico naufrágio do Rio-Apa, um navio que fazia o trajeto entre o Rio de Janeiro e Montevidéu, conduzindo cerca de 160 passageiros a bordo. À exceção de uns poucos passageiros que haviam desembarcado no meio do caminho, o naufrágio não deixou sobreviventes.

O episódio causou uma comoção muito forte nas elites brasileiras e, durante os dias consecutivos, ocupou as manchetes dos principais jornais do Rio de Janeiro. Naquela época, os Estados Unidos e diversos países europeus já possuíam serviços de previsão de tempo, cujo principal objetivo era evitar esse tipo de tragédia. Tais serviços haviam sido criados com base no pressuposto de que a trajetória das tempestades podia ser inferida, com alguma antecipação, segundo dados fornecidos por uma rede de estações meteorológicas interligadas pelo telégrafo.

Quando sobreveio a tempestade de 11 de julho, o Brasil ainda não possuía nenhum tipo de serviço de previsão de tempo. A comoção provocada pelo naufrágio do Rio-Apa e as críticas veiculadas na imprensa levaram os meteorologistas a manifestarem-se publicamente sobre o assunto.

Na época, o Observatório Imperial era dirigido pelo astrônomo belga Luís Ferdinando Cruls, que incumbiu Morize de organizar a

5 Brasil Império (1822 a 1888)

rede meteorológica nacional. Foi de Morize a iniciativa de prestar contas à sociedade, em um artigo publicado na revista de divulgação científica do observatório. Ele apresentou uma análise contendo dados relativos à pressão atmosférica e à força e direção dos ventos entre 8 e 13 de julho de 1887 no Rio de Janeiro e em outras estações da incipiente rede meteorológica do observatório. De acordo com a análise dele, limitada aos dados então existentes, nada poderia ter previsto a terrível tempestade que afundou o Rio-Apa.

Brasil República (1889 a 1955)

Os raios são considerados, finalmente, descargas elétricas produzidas pelo movimento de elétrons na atmosfera e passam a ser vistos como uma ferramenta para mapear e monitorar, em tempo real, a ocorrência de tempestades.

O final do século XIX marca o fim do Brasil Imperial e o início do Brasil como República Federativa, proclamada em 15 de novembro de 1889, um ano após o fim oficial da escravidão. A proclamação foi feita no Rio de Janeiro, sem a participação popular, pelo marechal Manoel Deodoro da Fonseca, que participou de uma dezena de batalhas na Guerra do Paraguai, em um momento em que a classe militar brasileira encontrava-se fortalecida pela vitória na guerra.

Nascido em Alagoas em 1827, Deodoro da Fonseca assumiu a chefia do governo provisório como comandante do movimento armado. A primeira Constituição da República foi promulgada em 24 de fevereiro de 1891 e estabeleceu o regime presidencialista no país. O voto devia ser direto e universal para homens alfabetizados maiores de 21 anos; mulheres e analfabetos não votavam. Entretanto, o primeiro presidente foi escolhido de forma indireta. Depois de promulgar a Constituição, a Assembleia Constituinte convocou eleições para o dia seguinte e elegeu o Marechal Deodoro da Fonseca o primeiro presidente do Brasil. Ele estava com 62 anos e ficou no cargo menos de um ano, renunciando em favor de Floriano Peixoto e vindo a falecer em 1891. Na época, a cidade do Rio de Janeiro era a maior do país, com cerca de 550 mil pessoas, seguida de Salvador, com 180 mil, sendo que São Paulo tinha apenas 70 mil habitantes.

6 Brasil República (1889 a 1955)

O Hino da Proclamação da República foi adotado pelo governo provisório a partir da realização de um concurso no Teatro Lírico, no Rio de Janeiro, em 20 de janeiro de 1890, meses após o início da República. A ideia era instituir um novo Hino Nacional. A música de Leopoldo Miguez e a letra de José Joaquim de Campos da Costa de Medeiros e Albuquerque obtiveram o primeiro lugar no concurso. Contudo, esse hino não chegou a ser oficializado como o Hino Nacional brasileiro, tendo sido apenas decretado como Hino da Proclamação da República. Nele, o papel das tempestades nas batalhas é referenciado em um refrão:

> Liberdade! Liberdade!
> Abre as asas sobre nós!
> Das lutas na tempestade
> Dá que ouçamos tua voz.

Com a República, o Observatório Imperial passou a se chamar Observatório do Rio de Janeiro. Com o falecimento de Cruls, em 1908, Morize assumiu a direção do observatório, permanecendo no cargo até 1929, vindo a tornar-se um dos patronos da meteorologia brasileira. Em 1909, o então presidente Nilo Procópio Peçanha, por meio de um decreto, alterou o nome do Observatório do Rio de Janeiro para Observatório Nacional. No mesmo decreto, a principal função dessa instituição passou a ser organizar um serviço meteorológico para todo o território nacional, com o intuito de fornecer previsões de tempo, a partir da rede de estações meteorológicas, que haviam sido iniciadas em 1887, quando ocorreu o naufrágio do navio Rio-Apa.

Ainda em 1909, foi fundada a Diretoria de Meteorologia e Astronomia, origem do atual Instituto Nacional de Meteorologia, com sede no Morro do Castelo, no Rio de Janeiro. Em 1917, o Brasil possuía 222 estações meteorológicas espalhadas em seu território e, com a ajuda dessa rede, a Diretoria de Meteorologia e Astronomia passou a fornecer a previsão do tempo, sob a coordenação do engenheiro e meteorologista Joaquim Sampaio Ferraz. Como exemplo do serviço, foi apresentada a previsão de uma forte tempestade que ocorrera no Rio de Janeiro naquele ano. Ferraz permaneceu ligado à Diretoria de Meteorologia e Astronomia e, em 1921, quando esta se transformou na Diretoria de Meteorologia, tornou-se diretor da instituição, permanecendo no cargo até 1931.

O início da República também foi marcado por violentos conflitos armados. No sertão da Bahia, a Guerra dos Canudos mobilizou milhares de sertanejos seguidores do beato Antônio Conselheiro, que foram massacrados pelo exército republicano. No Rio Grande do Sul, a Revolução Federalista colocou em conflito partidários da República e da antiga Monarquia, resultando na morte de mais de dez mil pessoas.

O início da República também foi marcado pelo uso da eletricidade em ampla escala no país e pelo começo das atividades sistemáticas de levantamento meteorológico, voltadas ao suporte à agricultura – impulsionada pela plantação de café –, à navegação e aos projetos científicos de natureza global. Entre esses projetos, havia o registro do número anual de dias de tempestade em diversas partes do país, como parte do levantamento global feito pela Organização Mundial de Meteorologia, e as primeiras medidas de campo elétrico atmosférico, feitas nas expedições do navio Carnegie, para mostrar a natureza global do campo elétrico atmosférico.

Os resultados do levantamento do número anual de dias de tempestade realizado entre 1910 e 1951 em diversos locais do país revelaram a existência, na Amazônia, de regiões com grande ocorrência de tempestades em termos mundiais. Além de serem publicados pela Organização Mundial de Meteorologia em 1953, os resultados do levantamento foram utilizados na forma de um mapa no *Atlas climatológico do Brasil*, em 1955, por Adalberto Barranjard Serra, meteorologista da Diretoria de Meteorologia.

Posteriormente, esse mapa foi adaptado e publicado pela norma de proteção de estruturas contra descargas atmosféricas (NBR 5419), da Associação Brasileira de Normas Técnicas, em sua primeira edição, em 1977, sendo mantido inalterado em suas diversas revisões até 2015, apesar das incertezas decorrentes do pequeno número de pontos de observação em relação à área do território brasileiro. Em 2015, uma nova versão dessa norma foi publicada, na qual os antigos dados de dias de tempestade foram substituídos por dados de densidade de descargas atmosféricas na forma de mapas fornecidos pelo Grupo de Eletricidade Atmosférica (Elat) e obtidos de dados de satélite corrigidos por observações de superfície.

Já as primeiras medidas de campo elétrico atmosférico foram realizadas por Morize no Rio de Janeiro, impulsionadas pelas observações em alto-mar, das quais as mais conhecidas foram feitas pelo navio Carnegie. As observações no Rio de Janeiro registraram valores do campo elétrico atmosférico similares àqueles registrados em outros locais do planeta e contribuíram para consolidar a teoria do circuito elétrico atmosférico global, que considera que a superfície de nosso planeta e a atmosfera formam um circuito elétrico, com as tempestades atuando como geradores do circuito. Segundo essa teoria, os raios são uma das formas de transferência de carga entre a superfície do planeta e a atmosfera e o campo elétrico atmosférico é o resultado da atividade global de tempestades. Tais descobertas levaram Ferraz a escrever, na primeira edição de seu livro *Meteorologia brasileira*, em 1934, que "o Brasil não pode continuar alheio às indagações sobre eletricidade atmosférica".

Durante o início da República, a expansão dos meios de comunicação também tornou públicos fatos curiosos e grandes dramas. Um desses fatos ocorreu em 1926, em Santos, quando seis pessoas foram atingidas e mortas por um único raio, um triste recorde histórico no país. A segunda maior tragédia produzida por um único raio ocorreu em Praia Grande, também no litoral do Estado de São Paulo, em 2015, com a morte de quatro pessoas.

Outra tragédia de grande repercussão na época foi a morte de Cecília de Assis Brasil, filha de Joaquim Francisco de Assis Brasil, em 11 de março de 1934. Ela tinha 35 anos quando foi atingida por

58   Brasil: que raio de história

um raio enquanto cavalgava no município de Pedras Altas, no sul do Estado do Rio Grande do Sul. O cavalo branco também morreu no local. Cavalgar montado em um cavalo dessa cor atraía os raios, segundo uma das superstições em que os portugueses acreditavam. Embora seja de fato perigoso cavalgar durante uma tempestade, a cor do cavalo não influi em nada.

Joaquim Francisco de Assis Brasil era diplomata, político, jornalista, agropecuarista e escritor, tendo sido embaixador do Brasil na China e nos Estados Unidos. Em 1904, ele resolveu construir um castelo como moradia em Pedras Altas. O Castelo de Pedras Altas, como é conhecido, impõe-se nas planícies da região como testemunha da história. Contava com 44 cômodos e 12 lareiras. A mobília dos aposentos de Assis Brasil viera de Paris. Os banheiros ficavam dentro da fortaleza, em uma época em que a lei mandava instalar sanitários fora das casas. Depois de ter trabalhado muitos anos em grandes cidades no exterior, Assis Brasil queria morar no campo e desejava oferecer conforto à segunda mulher, Lídia Pereira Felício de São Mamede. Os dois haviam se casado em Lisboa em 1898.

Primeira filha do segundo casamento de Assis Brasil, Cecília era diferente da maioria das moças da virada do século. Ela nasceu em Washington em 26 de maio de 1899, quando Assis Brasil era embaixador nos Estados Unidos. As fotos da época mostram uma mulher de olhos escuros arrebatadores, mãos delicadas, feições suaves e um sorriso compreensivo. Era caseira e culta, conciliava as tarefas domésticas com os estudos. Divertia-se com os irmãos em pescarias de lambaris ou longas cavalgadas. Lia autores clássicos e revistas como a *Life* e a *Les Annales* quase diariamente. Em 1934, Assis Brasil escreveu a um amigo sobre a trágica morte da filha:

> Antes de tudo, deixe-me agradecer-lhe cordialmente, também em nome de Lydia e nossos filhos, sua demonstração de simpatia com nossa indizível dor. Perdemos uma filha que mereceria o título de "predileta", se não fosse para nós um dogma a igualdade

6 Brasil República (1889 a 1955)

do afeto dispensado a todos os filhos. E de que nós a perdemos! [...] Nada poderá consolar-nos desta perda. Apenas nos esforçamos por considerar uma felicidade ela haver sido poupada de qualquer sofrimento ou de deficiência física causada por doença, ela que tanto merecia gozar da vida. (Reverbel, 1983).

Com o advento da República, era comum a visita de cientistas ao Brasil, em particular ao Jardim Botânico, no Rio de Janeiro. Entre todas as visitas feitas a esse sítio, é possível que a mais marcante tenha ocorrido em 21 de março de 1925, quando Albert Einstein, criador da teoria da relatividade, visitou esse local. No livro de visitas do Jardim Botânico, Einstein registrou que o passeio "significou um dos maiores acontecimentos que tive mediante impressões visuais". Mais tarde, em seu diário de viagem, escreveu: "o Jardim Botânico, bem como a flora de modo geral, supera os sonhos das 1001 noites. Tudo cresce a olhos vistos". (Einstein apud Tolmasquim, 2003).

O cientista se impressionou especialmente com uma árvore e perguntou ao então diretor do Jardim Botânico, Antônio Pacheco Leão, que árvore era aquela. Pacheco Leão respondeu que era um jequitibá, uma árvore gigante e uma das mais belas da flora brasileira. E completou dizendo que quando um jequitibá caía na floresta de velhice, serrado pelo homem ou derrubado por um raio, o estrondo era imenso e podia ser ouvido muito longe. Ao ouvir tais palavras, Einstein expressou sua admiração com um gesto singelo: um beijo em um exemplar conhecido desde então como o jequitibá de Einstein. A árvore, porém, teve um fim fatídico na década de 1980, após ser atingida por um raio.

Em 14 de outubro de 1938, o então presidente Getúlio Vargas – presidente do Brasil que ficou mais tempo no poder (18 anos) – plantou uma palmeira no Jardim Botânico, semelhante à Palma Mater, imitando o gesto de D. João VI 129 anos depois. O gesto ocorreu em resposta a um convite do Jardim Botânico após Getúlio ter liberado recursos para obras de reestruturação em razão dos grandes estragos causados pelas chuvas em 6 de fevereiro de 1936. A tempestade que despencou naquela noite talvez tenha sido uma das piores até então vistas. A cidade viveu um caos. No Jardim Botânico, dois terços da área cultivada ficaram submersos, com perda total de arbustos, herbáceas e mudas novas. Mais tarde, em 21 de setembro de 1951, Getúlio voltou a plantar outra palmeira no Jardim Botânico.

Brasil República (1956 a 2015)

Os raios são monitorados e estudados por diversas técnicas. Os resultados dos estudos levam o Brasil a se tornar uma potência mundial na pesquisa do fenômeno.

Em janeiro de 1956, tomava posse Juscelino Kubitschek, o JK, como presidente do Brasil. Apesar de repetir o mesmo gesto de Getúlio Vargas, ao plantar outra palmeira no Jardim Botânico igual àquela plantada por D. João VI, os tempos eram outros. Após um período turbulento que culminara com o suicídio de Getúlio Vargas em 1954, o Brasil parecia seguir o caminho do progresso. Em cinco anos, foram construídos mais de 13.000 km de estrada e produzidos mais de 400 mil carros, um número impressionante para a época. Em 21 de abril de 1960, Brasília foi inaugurada, após três anos de obras, com os três poderes da República se instalando simultaneamente na nova capital do país.

Além do incremento da atividade econômica, com o progresso ocorreu o aumento da população e, em consequência, mortes e prejuízos decorrentes dos raios começaram a crescer. Situações inesperadas de morte ou de pessoas que sobreviveram após serem atingidas por um raio passaram a ser comuns nas manchetes da imprensa. Um dos casos mais inusitados ocorreu em 3 de novembro de 1959, em um feriado de Finados.

Eva Bierling, uma jovem de 20 anos, morreu atingida por um raio que incidiu sobre uma árvore onde um grupo de pessoas se protegia da chuva, durante uma visita ao túmulo dos avós no cemitério da Quarta Parada, antigo cemitério do Brás, na cidade de São Paulo. Outras 11 pessoas ficaram feridas. Destas, cinco em estado grave por terem sido arremessadas para longe pelo deslocamento do ar, tendo sido levadas ao Pronto-Socorro do Tatuapé e ao Hospital das Clínicas, em meio ao pânico geral. A descarga atingiu um cipreste de 20 m de altura, rachando-o ao meio. Nesse mesmo cemitério, foram enterradas diversas personalidades, entre elas Jacinto Figueira Júnior, apresentador de televisão conhecido como "o homem do sapato branco", e Vicente Matheus, presidente por vários anos do Sport Club Corinthians Paulista.

Em 1996, outro caso ocorreu quando o preparador físico Altair Ramos, do São Paulo Futebol Clube, foi atingido indiretamente por um raio durante um treino no centro de treinamento. Altair desmaiou, sofreu parada cardíaca e algumas queimaduras, mas sobreviveu ao acidente. A corrente que Altair usava no pescoço chegou a derreter com o calor.

Houve outro caso em Manaus em novembro de 2011, quando cinco pessoas foram atingidas por um raio enquanto tentavam se proteger de uma tempestade em um quiosque à beira da praia. Felizmente, todas sobreviveram. Outro caso similar ocorreu na Praia Grande, no litoral de São Paulo, em que oito pessoas foram atingidas por um raio quando se abrigavam debaixo de um guarda-sol durante uma tempestade. Quatro delas morreram.

Contudo, foi somente no início do século XXI que um extenso e inédito estudo a respeito de mortes por raios no Brasil, com base em informações obtidas no Ministério da Saúde, na Defesa Civil e na mídia durante dez anos (2000 a 2009), foi realizado pelo Elat. Os resultados do estudo apontaram um total de 1.321 mortes devidas a raios, resultando em uma média de 132 mortes por raios por ano no país. Os resultados também indicaram a distribuição dessas mortes por cidade, Estado, estação do ano, sexo, idade e circunstâncias. Manaus e o Estado de São Paulo foram, respectivamente, a cidade e o Estado com maior número de mortes. A maioria das mortes ocorreu no verão e envolveu homens de meia-idade, isso porque os homens estão mais expostos a raios em atividades a céu aberto do que as mulheres.

As cinco circunstâncias mais comuns envolvidas em mortes por raios são: praticar atividades de agropecuária ao ar livre; ficar próximo a carros ou tratores ou andar em motos ou bicicletas; ficar em campo aberto, como em praias ou campos de futebol, embaixo de árvores ou perto de cercas; ficar perto de objetos que conduzem eletricidade, como telefone com fio ou celular conectado ao carregador, e objetos metálicos grandes; permanecer em um abrigo aberto, como varanda, sacada, quiosque ou toldo. Contudo, diferenças regionais significativas foram observadas. Entre elas, a mais alarmante foi a grande quantidade de mortes de pessoas que falavam ao telefone com fio no Centro-Oeste do país, número relativamente pequeno nas outras regiões.

Considerando a população brasileira no período, o estudo mostrou que a probabilidade média de morrer atingido por um raio no Brasil é de 0,8 por milhão por ano, um valor superior ao observado em países desenvolvidos, que é em torno de 0,2. A diferença pode ser parcialmente explicada pelo fato de que no Brasil um percentual maior da população está envolvido em atividades de agropecuária (cerca de 35%) e não possui acesso a informações de como se proteger. Cabe salientar que essa probabilidade se refere ao valor médio para um cidadão brasileiro. Determinadas circunstâncias durante uma tempestade podem tornar essa probabilidade até dez mil vezes maior. Finalmente, o estudo sugere que, para diminuir o número de mortes no futuro, é necessário, principalmente, aumentar o grau de conhecimento da população sobre o perigo dos raios, por meio da educação nas escolas e da realização de campanhas de divulgação na mídia.

Por outro lado, os prejuízos causados pelos raios também aumentaram significativamente à medida que a sociedade tornou-se mais tecnológica. O setor mais afetado é o elétrico, fundamental para o crescimento do país, com prejuízos atuais estimados em R$ 600 milhões por ano. A estrutura do setor elétrico brasileiro, amplamente dependente de usinas hidrelétricas e de longas linhas de transmissão de energia, torna o sistema sensível a raios, chuvas e ventos intensos. Tal situação provoca interrupções transitórias e permanentes, os famosos blecautes, causando grandes prejuízos ao setor e à sociedade em geral.

Entre 2007 e 2013, dados oficiais mostram que ocorreram no país, anualmente, uma média de 70 interrupções acima de 100 MW, energia equivalente àquela para abastecer um município de 400 mil habitantes. Embora não se tenham números precisos, estimativas feitas pelo Elat sugerem que cerca de 50% das interrupções de energia produzidas por falhas nas linhas de transmissão são causadas por raios. Entre essas interrupções, duas delas associadas ao sistema de transmissão de Itaipu tiveram mais destaque em razão da grande extensão.

A primeira ocorreu em 11 de março de 1999, tendo deixado cerca de 80 milhões de pessoas sem energia durante até cinco horas. Oficialmente, a causa divulgada foi a queda de um raio em uma subestação de Bauru, no Estado de São Paulo, embora não houvesse raios nessa região no horário do blecaute – havia raios apenas a algumas centenas de quilômetros. A causa real do blecaute nunca foi esclarecida.

O segundo blecaute de grandes proporções ocorreu em 10 de novembro de 2009 e deixou cerca de 60 milhões de pessoas sem energia por até três horas. Novamente, a causa oficialmente divulgada foi a queda de um raio na subestação de Itaberá, no interior do Estado de São Paulo. Uma análise das condições meteorológicas nessa cidade durante o evento mostrou que tal possibilidade pode ter ocorrido, embora a baixa atividade elétrica da tempestade sobre Itaberá no horário do blecaute tenha sugerido falhas do sistema. Tais falhas ligadas à atuação de isoladores sujeitos à chuva na subestação viriam a ser divulgadas posteriormente.

A distribuição de energia elétrica nas grandes cidades também sofre interrupções em consequência dos raios, principalmente decorrentes da queima de transformadores. Cerca de 40% das interrupções de energia devidas a falhas da rede de distribuição são causadas por raios. Tais interrupções tendem a se agravar à medida que as cidades crescem e, em consequência, tendem a alterar o meio ambiente, favorecendo a ocorrência de tempestades e raios.

Essa alteração ocorre em razão de dois processos. Primeiro, a formação de uma ilha de calor, denominação dada ao fenômeno responsável pelo aumento da temperatura na superfície das grandes cidades em relação à vizinhança, causado por aspectos urbanos, entre eles a substituição da vegetação por asfalto e cimento e a construção de prédios, que dificultam a circulação do ar. Segundo, a poluição provocada por automóveis e fábricas, que injetam na atmosfera micropartículas que facilitam a formação de gotículas de água e partículas de gelo. Ambos os processos tendem a facilitar a formação de tempestades.

Outros setores da sociedade também são afetados pelos raios, entre eles a aviação, a indústria petrolífera, o setor de construção e até o cidadão comum, pela queima de aparelhos em residências – com prejuízos anuais acumulados da ordem de R$ 400 milhões.

Até mesmo o monumento do Cristo Redentor, no Rio de Janeiro, uma das sete maravilhas do mundo, sofre com os efeitos dos raios, que danificam sua estrutura. Inaugurado em 12 de outubro de 1931, o monumento foi idealizado em 1921 para marcar a comemoração do centenário da Independência do Brasil. Construído em pedra e cimento, com 3,75 m de altura e 1.145 t de peso, o Cristo Redentor foi atingido diversas vezes por raios. Algumas dessas ocorrências foram documentadas em fotos e vídeos.

A partir do final da década de 1970, o incremento dos prejuízos causados pelos raios impulsionou, de forma decisiva, o aumento da pesquisa científica e tecnológica associada ao fenômeno. Diversas iniciativas foram tomadas visando conhecer melhor o fenômeno em nosso país, tanto no que se refere à frequência de ocorrência em diferentes regiões como em relação às suas características. Entre elas, destacam-se: novas observações da ocorrência de dias de tempestade; as primeiras observações da frequência de ocorrência de raios utilizando sensores desenvolvidos para esse fim; as primeiras observações de tempestades e raios com balões estratosféricos; o uso de torres instrumentadas para medições; a instalação de sistemas de monitoramento; a observação de raios do espaço com sensores ópticos a bordo de satélites; a geração de descargas induzidas a partir do lançamento de foguetes; e as filmagens de raios utilizando câmeras de alta velocidade.

Entre 1971 e 1984, um conjunto de companhias de energia elétrica voltou a realizar observações de dias de tempestade no Sudeste do país, porém, em um número maior de localidades, cerca de 500. As observações geraram um mapa para a região Sudeste, que foi acrescentado às normas brasileiras de proteção de estruturas contra descargas atmosféricas da Associação Brasileira de Normas Técnicas (NBR 5419).

A partir do final da década de 1970, medidas da radiação eletromagnética produzida pelos raios começaram a ser feitas com sensores em superfície e no espaço, a bordo de balões gigantes que sobrevoavam as tempestades. Além de permitirem determinar pela primeira vez no país a estrutura das cargas elétricas contidas dentro das tempestades, os dados obtidos impulsionaram o surgimento de uma rede de monitoramento de raios em tempo real. Mais tarde, no final da década de 1990, a rede se expandiu para cobrir a região Sudeste e alguns Estados vizinhos, formando a Rede Integrada Nacional de Detecção de Descargas Atmosféricas (Rindat). A partir das pesquisas realizadas pelo Elat com base nas informações da Rindat, pôde-se mostrar um aumento significativo da incidência de raios em grandes centros urbanos, comprovando o efeito da urbanização sobre as tempestades.

Na década de 1980, outra iniciativa fundamental foi realizada com a inauguração de uma torre instrumentada de 60 m de altura para registrar a corrente das descargas. A torre foi instalada no Morro do Cachimbo, localizado a 15 km de Belo Horizonte, e a 1.400 m de altitude. Desde o início das operações até hoje, os sensores instalados na base da torre já registraram em detalhes a corrente elétrica de mais de 150 descargas, a maior parte descargas descendentes negativas, isto é, que se originam nas nuvens e trazem cargas negativas destas para o solo. A média do pico de corrente dessas descargas é em torno de 40 kA, valor superior ao registrado em torres similares na Suíça e na Itália. Até hoje, não há uma explicação convincente para essa diferença, havendo a possibilidade de que seja resultado de problemas na instrumentação da torre do Morro do Cachimbo.

Já a década de 1990 viu outras iniciativas tecnológicas trazerem novas informações sobre os raios no Brasil. Pela primeira vez, uma única técnica permitiu obter dados de descargas para todo o país. As informações provinham de um sensor óptico capaz de observar os raios do espaço a qualquer hora do dia, a bordo de um satélite. O sensor, fabricado pela Agência Espacial Americana (Nasa), detectava todas as descargas que ocorriam nas tempestades, e não somente aquelas que atingiam o solo. As observações feitas por meio de uma parceria com a Nasa permitiram gerar o primeiro mapa da ocorrência de raios em todo o país, publicado pelo Elat em 2001. O mapa indicou que a incidência de raios no país era alta em praticamente todas as regiões, exceto na região litorânea do Nordeste, e apresentava significativas diferenças em relação ao mapa de dias de tempestade gerado em 1955 com base no número de dias de tempestade. Também apontou que a maior incidência de descargas ocorria na região amazônica, próximo a Manaus.

Em dezembro de 1999, o Elat, em parceria com outras instituições, criou o Centro de Lançamento de Foguetes para Indução de Raios em Cachoeira Paulista. De uma pequena base de lançamento, pequenos foguetes de plástico com pouco menos de 1 m de comprimento acoplados a um carretel contendo um fio condutor de cobre foram lançados por um sistema de ar comprimido em direção a uma tempestade quando esta se localizava sobre a base de lançamento. O foguete subia desenrolando o fio, que algumas vezes era mantido preso ao solo, outras vezes não. Dois laboratórios, alocados a 45 m e a 1 km da base de lançamento, operavam diversos instrumentos para observar os raios induzidos pelo foguete. O centro funcionou por sete anos, induzindo cerca de 20 descargas, cujas características foram comparadas com as descargas de centros similares em outras regiões do planeta e não se verificaram diferenças significativas entre as descargas induzidas. Ele foi responsável pela geração do primeiro raio induzido no Hemisfério Sul do planeta, em 23 de novembro de 2000.

> Eram cerca de seis horas da tarde do dia 23 de novembro de 2000 quando cientistas de diversas instituições, reunidos nas instalações do Instituto Nacional de Pesquisas Espaciais na cidade de Cachoeira Paulista, interior do Estado de São Paulo, geraram o primeiro raio induzido no Hemisfério Sul do planeta – um raio reto, de cor esverdeada. Os cientistas lançaram em direção a uma tempestade um pequeno foguete que, ao subir na atmosfera até cerca de 1.000 metros, desenrolava um fino fio condutor. O raio desceu pelo fio, derretendo o cobre e causando um vapor esverdeado, e atingiu o solo a cerca de 50 metros do local onde os cientistas se refugiavam para fazer as observações. Nenhum acidente ocorreu, mas, para espanto de todos, nos dias seguintes a população da cidade estava preocupada de que tal feito pudesse aumentar a incidência de raios na região. (Trecho da palestra proferida pelo autor em 2001).

A partir de 2001, para registrar os raios, o Elat passou a utilizar câmeras de alta velocidade e sensores de campo elétrico, instalados em uma torre em São José dos Campos com 24 m de altura. Diferentemente das câmeras convencionais, que registram as imagens com 30 quadros por segundo, o que é suficiente para dar ao olho humano a impressão de movimento contínuo, câmeras de alta velocidade registram as imagens com centenas a milhares de quadros por segundo, o que permite registrar detalhes não vistos pelas câmeras comuns.

7 Brasil República (1956 a 2015)   69

As primeiras observações de raios com essas câmeras usavam dois mil quadros por segundo e eram sincronizadas com o sistema GPS para serem comparadas com registros simultâneos da rede de monitoramento Rindat. Posteriormente, observações foram feitas com câmeras com mais de dez mil quadros por segundo. Nos primeiros dez anos de pesquisa, mais de dois mil raios foram registrados, o que permitiu determinar diversas características dos raios no Brasil, entre elas a velocidade de propagação na atmosfera, a duração das diferentes etapas que compõem as variações da corrente elétrica e a existência de descargas atingindo o solo em dois pontos simultaneamente.

Em 2009, o país foi sacudido por um novo acidente de grandes proporções causado por uma tempestade, similar àquele que ocorrera no final do século XIX. Na noite de 31 de maio de 2009, um avião Airbus A330 da Air France na rota Rio de Janeiro-Paris caiu no oceano Atlântico pouco depois de deixar a costa do Brasil, matando as 228 pessoas que estavam a bordo. O relatório final sobre o acidente apontou que a tempestade encontrada pelo avião deu início a uma sucessão de fatores que ocasionaram sua queda, entre eles a falha nos tubos *pitot*. Tais tubos, que são sensores posicionados no nariz do avião e destinados a medir a velocidade dele, congelaram no momento em que a aeronave se deparou com cristais de gelo no interior da tempestade. A possibilidade de que raios tenham atingido o avião e contribuído para a queda não pode ser descartada e até parece provável, segundo os relatos dos pilotos, que foram registrados nas caixas-pretas recuperadas no fundo do oceano.

Desde 1950, 83 acidentes aéreos com mortes no mundo foram atribuídos a más condições de tempo, dos quais 14 destes teriam sido causados por raios. Por outro lado, defeitos técnicos e/ou falhas de pilotos foram responsáveis por mais de 350 acidentes no mundo. O acidente com o avião da Air France mostrou a importância de monitorar raios sobre os oceanos, em particular no oceano Atlântico tropical, por onde trafegam os aviões que deixam o Brasil rumo à Europa e aos Estados Unidos. Para tal, redes de monitoramento de raios capazes de detectar as ondas geradas pelos raios em baixa frequência, que se propagam na atmosfera, assim como ocorre com as ondas de rádios das estações em ondas curtas, passaram a ter um enorme progresso. Tais redes, conhecidas como redes globais, embora não registrem os raios com precisão equivalente à das redes locais, permitem monitorar os raios sobre os oceanos a distâncias de milhares de quilômetros da costa.

Em 2011, o Elat criou a primeira rede de monitoramento de raios com abrangência nacional, capaz de detectar tanto as descargas que atingem o solo quanto aquelas que permanecem dentro das nuvens. A nova rede foi denominada Rede Brasileira de Detecção de Descargas Atmosféricas (BrasilDAT) e utiliza sensores capazes de captar a radiação eletromagnética gerada pelos raios em uma ampla faixa de frequência. A BrasilDAT é a terceira maior rede do mundo e capaz de monitorar, em tempo real, a incidência de descargas em todo o país com alta eficiência e alto grau de precisão na localização do ponto de impacto das descargas no solo.

Tais informações permitirão que um novo mapa da ocorrência de raios no Brasil seja gerado com mais precisão que os mapas anteriores, contribuindo para que projetos de proteção contra descargas possam ser elaborados com mais confiabilidade. A detecção de descargas dentro das nuvens permite identificar com antecedência quais tempestades são severas a ponto de causar desastres naturais ou grandes danos, já que a frequência de descargas dentro das nuvens está intimamente ligada à severidade das tempestades, tanto em termos de descargas para o solo quanto em termos de vendavais, chuvas intensas e granizo.

O resultado de todos os projetos levou o Elat e o Instituto Nacional de Pesquisas Espaciais (Inpe) a um papel de destaque nacional e internacional na pesquisa sobre raios. Tal fato permitiu trazer para o Brasil, pela primeira vez na história, na XIV edição, a principal conferência mundial sobre raios, a Conferência Internacional de Eletricidade Atmosférica (International Conference on Atmospheric Electricity, Icae), realizada a cada quatro anos desde 1954 e que nunca havia sido feita no Hemisfério Sul. Nessa conferência, ocorrida no Rio de Janeiro de 5 a 12 de agosto de 2011 sob a coordenação do Elat, o Brasil foi o país com o maior número de trabalhos, seguido pelos Estados Unidos. No discurso de abertura, o coordenador do Elat e presidente da conferência, Osmar Pinto Jr., falou sobre a história do evento:

A história da Icae começa alguns anos antes de 1954, quando George R. Wait e Samuel Coroniti, do Centro de Pesquisas da Força Aérea de Cambridge, pensaram em organizar uma conferência internacional sobre eletricidade atmosférica, acreditando que esse ramo da ciência já merecia ter um evento periódico reunindo pesquisadores de todo o mundo. A ideia surgira devido ao aumento de interesse nesse campo das pesquisas, estimulado pela melhora nos métodos de medida de campos elétricos na atmosfera, como também pela necessidade de resolver problemas práticos relacionados ao lançamento de foguetes e pelo reconhecimento de que tais medidas pudessem auxiliar ações militares. A primeira conferência foi realizada em maio de 1954 em Portsmouth, New Hampshire, Estados Unidos. A conferência contou com a presença de 51 cientistas de dez países. A primeira participação do Brasil na Icae foi durante a 11ª edição da conferência, realizada em 1999 em Huntsville, Alabama, também nos Estados Unidos. Na ocasião, o Elat apresentou diversos trabalhos. Após 57 anos, a 14ª Icae está sendo realizada pela primeira vez no Hemisfério Sul, aqui no Brasil. A conferência conta com a participação de mais de 200 cientistas de mais de 30 países. Olhando para esses números, relembro as palavras de Samuel Coronit, presidente da 4ª Icae, que foi realizada em 1968 no Japão: "Estou certo de que existirá outra conferência daqui alguns anos e que existirão a sexta, sétima, oitava, nona e décima edições". Ele estava certo. Agora, estou certo de que muitas outras acontecerão. (Trecho de palestra proferida pelo autor em 2011).

Finalmente, às vésperas da publicação de *Brasil: que raio de história*, uma nova versão do levantamento de mortes no país foi finalizada com 15 anos de dados, correspondente ao período de 2000 a 2014, e é divulgada de forma inédita neste livro. As principais diferenças entre o levantamento de dez anos (2000 a 2009) descrito no início deste capítulo e este novo levantamento recém-finalizado são:

- O número médio de mortes por ano caiu de 132 mortes no primeiro período para 111 mortes no segundo período, sugerindo que as iniciativas de mídia realizadas com base no material descrito neste livro tenham colaborado para levar informações sobre os riscos dos raios para um número maior de brasileiros.
- O perfil das vítimas tem diminuído de idade consideravelmente.
- Entre as circunstâncias, houve um aumento do percentual de vítimas dentro de casa, um aspecto preocupante.
- Finalmente, o Sudeste continua com o maior número de vítimas, em razão da maior população. Mas a região Norte, que antes estava em terceiro lugar, empatada com o Nordeste, assumiu o segundo lugar. As mortes estão aumentando nessa região.

No entanto, todas as pesquisas não foram suficientes para que os antigos mitos, como "um raio não cai duas vezes no mesmo lugar", fossem esquecidos ou mesmo novos mitos fossem criados, como a crença de que "os raios se originam do choque entre nuvens", difundidos principalmente por meio da literatura infantil.

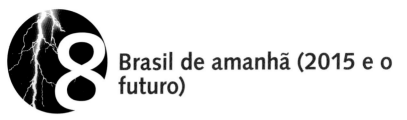

Brasil de amanhã (2015 e o futuro)

A atividade de raios é vista como um indicador das mudanças climáticas decorrentes do aquecimento global e da urbanização.

O século XXI é marcado pela conscientização de que o clima não é imutável, e sim resultado de um equilíbrio que devemos preservar. Ao mesmo tempo, conexões entre fenômenos distintos em regiões distantes do planeta são verificadas e demonstram a natureza global dos processos que controlam o clima. Cada vez mais, percebemos a intensa interação entre as temperaturas superficiais dos oceanos e a atividade de tempestades sobre os continentes, o que nos permite antever possíveis variações na incidência de raios em nosso país em razão das mudanças dessas temperaturas.

A nova conscientização climática é também responsável por constatarmos que as mudanças do clima muito provavelmente decorrem do aquecimento global provocado pela atividade humana. Ao emitir enormes quantidades de gases estufa na atmosfera, o homem está causando o aquecimento global do planeta em uma velocidade nunca antes observada. Em grandes centros urbanos, mudanças provocadas pela atividade humana parecem ocorrer em um ritmo ainda mais acelerado, em razão das dramáticas transformações ambientais causadas pelo aumento local de temperatura, associado ao fenômeno denominado ilha de calor, e pela poluição.

Estudos realizados pelo Elat mostram que na cidade de São Paulo, nos últimos 120 anos, o número de tempestades aumentou 40% em decorrência do incremento da temperatura local de 2,5

74 Brasil: que raio de história

graus, o que também vem ocorrendo em outras cidades brasileiras. Se, por um lado, os efeitos da urbanização em relação ao aumento da incidência de raios têm sido amplamente documentados e restringem-se às áreas onde a urbanização é evidente, por outro o efeito do aquecimento global sobre a incidência de raios é mais difícil de ser estimado, embora seja esperado em razão do incremento do vapor d'água na atmosfera em temperaturas mais altas. Contudo, ao alterar a circulação atmosférica do planeta, o aquecimento global impõe mudanças na frequência de tempestades, podendo provocar grandes variações na ocorrência de raios em escalas regionais.

Fortes indícios sugerem ainda que eventos extremos de tempestades, isto é, tempestades severas com altíssimas taxas de raios, ventos de grande intensidade, enormes quantidades de chuva e/ou ocorrência de granizo estão tornando-se mais frequentes. Na cidade de São Paulo, por exemplo, tempestades com mais de 3 mil raios ou chuvas superiores a 100 mm em 24 horas cresceram significativamente. Entretanto, os eventos extremos não estão se intensificando somente na cidade de São Paulo. Em diversas cidades brasileiras, assim como em outras regiões do planeta, eventos acompanhados pelos fenômenos citados estão se tornando mais frequentes.

No Brasil, estudos recentes têm mostrado que a atividade de raios é intensamente influenciada pelo aquecimento e resfriamento das águas no oceano Pacífico equatorial, denominados, respectivamente, El Níño e La Níña, e das águas do oceano Atlântico tropical. Tais variações afetam significativamente a ocorrência de tempestades e raios no Brasil. Contudo, esse efeito tem um forte caráter regional. Estudos recentes realizados pelo Elat verificaram que, enquanto o El Niño tende a favorecer a ocorrência de raios no Sul do país, o La Niña tende a favorecer a ocorrência de raios no Norte e Nordeste, ao passo que nas regiões Centro-Oeste e Sudeste o comportamento varia de forma mais imprevisível. Tais relações podem explicar o fato de D. João VI, em 1808, não ter observado raios durante sua longa estada em Salvador, e Darwin, em 1832, não ter observado raios em sua viagem pelo Nordeste até o Rio de Janeiro, ambas as viagens em pleno verão, porém em anos de El Niño.

Outros estudos recentes realizados pelo Elat e apresentados na XIV Conferência Internacional de Eletricidade Atmosférica, realizada no Rio de Janeiro em 2011, indicam que o aquecimento do oceano Atlântico em andamento tende a aumentar significativamente as tempestades no Sudeste do Brasil. As águas mais quentes do oceano Atlântico tendem a aumentar a quantidade de umidade no ar e, quando isso ocorre simultaneamente às alterações da circulação da atmosfera relacionadas ao fenômeno La Niña, o resultado é um incremento significativo da atividade de tempestades sobre o Sudeste do país.

As observações do aumento na incidência de raios em decorrência da urbanização e do aquecimento global estão em concordância com as projeções dos modelos climáticos. As projeções dos modelos baseiam-se em relações empíricas entre a frequência de raios e parâmetros meteorológicos. Quando consideramos a tendência de transformação da floresta Amazônica em savana em razão da atividade predatória do homem, o resultado pode ser o surgimento de grandes incêndios provocados por raios nessa região do país, realimentando o processo de aquecimento do planeta e, com isso, a tendência de aumento de raios.

O impacto desse cenário sobre a sociedade é direto. Um aumento na incidência de raios tende a causar mais mortes e prejuízos. Para evitar o crescimento de mortes devidas a raios, a ação mais efetiva é intensificar a realização de campanhas de prevenção, visto que, conforme um estudo feito pelo Elat, 80% das fatalidades registradas no país poderiam ter sido evitadas se as vítimas tivessem acesso a mais informações. Tais informações, ou regras básicas de proteção, estão disponíveis, por exemplo, no Portal Elat (http://www.inpe.br/elat).

No que se refere aos prejuízos, a situação pode ser agravada se consideramos o crescente desenvolvimento tecnológico da sociedade. Tal crescimento tem como força motriz o setor elétrico, e a expansão do setor depende de um aumento significativo da geração de energia na região amazônica – que tem grande incidência de raios. Atualmente, a Amazônia responde por apenas 10% da energia gerada no país, número que tende a se elevar nas próximas décadas. O aumento da geração de energia na região amazônica representará 45% da energia a ser produzida para atender à crescente demanda, principalmente das regiões Sudeste e Nordeste. Por ser uma região que hoje já apresenta grande incidência de raios e que se caracteriza por uma difícil logística para manutenção de longas linhas de transmissão, a maior dependência da energia da Amazônia é preocupante.

Se não bastassem esses fatos, aspectos de preservação ambiental acrescentam outros desafios, como a necessidade de linhas de transmissão com torres elevadas de modo a se manterem acima da copa das árvores da floresta. A primeira linha desse tipo já está em operação, interligando Tucuruí a Manaus, com torres de até 300 m de altura. Além de serem mais atingidas por raios, tais torres tendem a induzir raios ascendentes – que partem das torres em direção às nuvens –, tornando a proteção ainda mais difícil.

Problemas similares podem ocorrer com a geração de energia eólica – que deve tornar-se mais frequente no futuro. Turbinas eólicas com mais de 100 m de altura tendem a ser mais atingidas por raios e também induzir raios ascendentes.

Com o aumento da ocorrência de raios, outro desafio que o setor de energia terá de enfrentar é a introdução de novas tecnologias mais sensíveis às descargas, entre elas redes de distribuição inteligentes que agregam maior quantidade de componentes eletrônicos. O resultado disso pode ser um aumento significativo de interrupções de energia, caso as redes inteligentes não possuam redundância de processos, o que trará, como consequência, impactos significativos à sociedade.

Do ponto de vista energético, se, por um lado, o aumento da incidência de raios pode ocasionar problemas, por outro a utilização deles como solução energética para o futuro não passa de um mito. A pequena duração de um raio, uma fração de um segundo, torna sua energia pouco elevada. Seria necessário captar e armazenar a energia de 100 milhões de raios por ano, aproximadamente o dobro dos raios que atingem o solo no Brasil, para ter energia equivalente à da usina hidroelétrica de Itaipu. Além do fato de esse número ser maior do que o registrado no país, captar todos esses raios seria uma tarefa impossível de ser realizada nos tempos atuais.

Outros setores da sociedade poderão sofrer um maior impacto dos raios, como a aviação. Nos próximos anos, novos tipos de aeronave passarão a voar utilizando, na fuselagem e nas asas, materiais compostos à base de fibra de carbono, que é mais leve e resistente do que o alumínio – principal componente utilizado atualmente na fabricação de aviões. Mais leves, os aviões deverão economizar até 20% de combustível. Contudo, pela menor condutividade elétrica dessas novas fuselagens em relação às atuais, os efeitos dos raios sobre as aeronaves poderão aumentar, apesar dos cuidados que as empresas de construção de aviões estão tomando com testes com descargas em laboratório, os quais não conseguem reproduzir em todos os detalhes as descargas na atmosfera.

Mas nem tudo são problemas. Em 2012, duas novas iniciativas do Inpe entraram em operação em âmbito nacional e devem minimizar os riscos dos raios. O país passou a contar com um novo supercomputador, 250 vezes mais rápido que o anterior, capaz de melhorar significativamente a qualidade da previsão meteorológica. Batizado de Tupã, em homenagem ao deus dos índios tupi-guarani, poderá prever com mais confiabilidade a ocorrência de tempestades.

Também em 2012, uma nova rede de monitoramento de descargas, a BrasilDAT, operada pelo Elat, passou a cobrir pela primeira vez todo o território nacional e detectar as descargas dentro das nuvens, além daquelas que atingem o solo. Diferentemente da detecção das descargas que atingem o solo, a das descargas dentro das nuvens permitirá identificar e antecipar a ocorrência de tempestades severas com mais confiabilidade. Isso porque nem todas as tempestades severas estão associadas à grande quantidade de descargas para o solo. Embora representem apenas 1% do total, tempestades severas são responsáveis pela maioria dos recentes desastres naturais verificados no país.

Um exemplo recente é a catástrofe que ocorreu na região serrana do Estado do Rio de Janeiro em 12 de janeiro de 2011, que deixou mais de mil vítimas. Em um só dia, o volume de chuvas ultrapassou 180 mm, recorde histórico para a região, embora ocorresse pouco mais de uma dezena de descargas para o solo. Infelizmente, naquele período, a nova rede de monitoramento capaz de detectar descargas dentro das nuvens ainda não estava em operação. Catástrofes como esta têm ocorrido com mais frequência nos últimos anos e tendem a se tornar ainda mais frequentes no futuro. Apesar de não conseguirmos evitar o aumento de tempestades severas, por meio dessas iniciativas podemos melhorar a previsão e minimizar o impacto delas.

O conceito do fenômeno raio evoluiu, ao longo da história de nosso país, de uma manifestação dos deuses para punir os homens a uma ferramenta para auxiliar a humanidade a prever mudanças climáticas. Em um país campeão mundial do fenômeno, com cerca de 50 milhões de raios por ano, tal constatação é, no mínimo, confortadora.

Referências bibliográficas

ANCHIETA, J. de. *Carta de São Vicente*. 1560.

BARBOZA, C. H. da M. *Tempo bom, meteoros no fim do período*. 2002.

BORGES, P. P. Comunicação privada. 2012.

BORGES, R. *Vivência amazônica*. 1986.

BUENO, E. *Os nascimentos de São Paulo*. 2004.

CAMÕES, L. de. *Os lusíadas*. 1572. Canto V, verso 16.

CAMINHA, P. V. de. *Carta de Pero Vaz de Caminha a El Rei D. Manuel*. São Paulo: Dominus, 1963.

CAPUANO, Y. *De sonhos e utopias: Anita e Giuseppe Garibaldi*. 1999.

CESARINO, P. de N. *Oniska: poética do Xamanismo na Amazônia*. São Paulo: Perspectiva, 2011.

CRULS, G. *Aparência do Rio de Janeiro*. Rio de Janeiro: José Olympio, 1965.

DARWIN, C. *The voyage of the Beagle*. 1839.

FERRAZ, J. S. *Meteorologia brasileira*. 1. ed. 1934.

FLAMMARION, C. *Thunder and lightning*. 1905.

GOMES, L. *O legado de D. João VI*. 2010.

GONÇALVES Jr., M. J. *Arquivo do Retiro Litterário Portuguez*. 1870.

JORNAL DO COMÉRCIO. 17 de janeiro de 1840.

LAYTANO, D. de. *Lendas do Rio Grande do Sul*. 1956.

MEDEIROS, S. L. R. *Makunaíma e Jurupari: cosmogonias ameríndias*. São Paulo: Perspectiva, 2002.

MEMÓRIAS da Academia Real de Lisboa. 1789.

MORIZE, H. O relampago ramificado do dia 9 de Novembro de 1885. *Revista do Observatorio*, 1886.

MORIZE, H. *Revista do Observatorio*, 1887.

OLIVEIRA, J. C. de. *Folclore amazônico: lendas*. 1951.

REVERBEL, C. *Diário de Cecília de Assis Brasil*. 1983.

REVISTA DO INSTITUTO HISTÓRICO E GEOGRÁFICO BRASILEIRO. Parte I. 1893.

SOUSA, P. L. de. *Diário de navegação*. 1530-1532.

STADEN, H. *Duas viagens ao Brasil*. Rio Grande do Sul: L&PM, 2008.

TAUNAY, A. *A retirada da Laguna*: episódio da Guerra do Paraguai. São Paulo: Companhia das Letras, 1997.

TOLEDO, R. P. de. *A capital da solidão*. Rio de Janeiro: Objetiva, 2003.

TOLMASQUIM, A. T. *Einstein*: o viajante da relatividade na América do Sul. Rio de Janeiro: Vieira & Lent, 2003.

WIERZCHOWSKI, L. *A casa das sete mulheres*. Rio de Janeiro: Record, 2003.

WILCKEN, P. *Império à deriva*. 2004.

Chegada dos portugueses ao Brasil, em 1500, trazendo mitos e lendas sobre raios
Fonte: Museu Paulista.

Ilustração das batalhas na Baía da Guanabara, que ocorreram nos séculos XVI, XVII e início do século XVIII, muitas vezes durante intensas tempestades

Fonte: Casa Geyer.

Observatório dos jesuítas em 1730 no Morro do Castelo, nas instalações da escola criada por Manuel da Nóbrega em 1563, onde foram registradas as primeiras observações de raios no Brasil, em 1780
Fonte: Observatório Nacional.

D. João VI – que tinha muito medo de tempestades e costumava interromper suas atividades e fechar-se em seu quarto sempre que ouvia trovões
Fonte: Museu Histórico Nacional.

Palma Mater – primeira palmeira plantada no Brasil por D. João VI, em 1809, no atual Jardim Botânico, no Rio de Janeiro.
A árvore foi morta atingida por um raio em 1972
Fonte: Biblioteca Nacional.

D. Pedro II – incentivador da ciência e responsável direto pelo início das observações contínuas de dias de tempestade no Brasil, a partir de 1850, no Observatório Imperial, no Rio de Janeiro
Fonte: Museu Histórico Nacional.

Henrique Morize – primeiro cientista a fotografar um raio e estudar os raios no Brasil
Fonte: Arquivo Nacional.

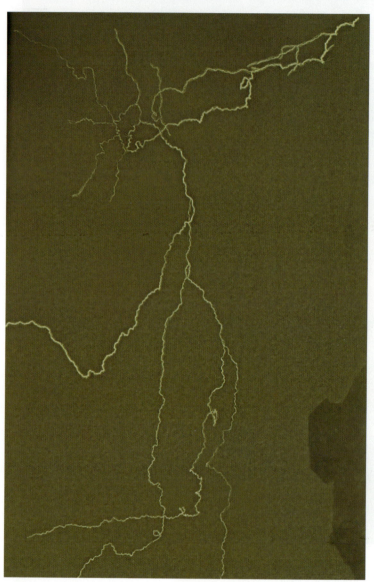

Primeira foto de um raio tirada no Brasil por Henrique Morize, em 1885, no Rio de Janeiro
Fonte: Observatório Nacional.

Torre de meteorologia instalada no Morro do Castelo, no Rio de Janeiro, hoje Aeroporto Santos Dumont, onde foram realizadas observações de dias de tempestades no início do século XX
Fonte: Museu Histórico Nacional.

Reunião no Sul do país, no início do século XX, para assinatura do Tratado de Pedras Altas. Sentado na segunda cadeira da direita para a esquerda aparece Joaquim Francisco de Assis Brasil, político brasileiro que teve sua filha Cecília de Assis Brasil morta por um raio em 1934, aos 35 anos
Fonte: Museu Júlio de Castilho.

Fotografia de parte do monumento do Cristo Redentor, no Rio de Janeiro, danificado por raios
Fonte: Cláudia Dantas.

São Paulo no início do século XX, mostrando o contraste com os dias de hoje provocado pela urbanização. A cidade é uma das mais atingidas por raios no Brasil, em parte devido à vasta urbanização
Fonte: Museu da Cidade de São Paulo.

Raio fotografado a menos de 10 km de distância
Fonte: Jácomo Piccolini.

Trajetória de um raio cortando o céu e evidenciando a natureza complexa do fenômeno
Fonte: Jácomo Piccolini.

Típico raio negativo registrado nos céus do Brasil
Fonte: Jácomo Piccolini.

Típico raio positivo registrado nos céus do Brasil
Fonte: Jácomo Piccolini.